LA LEYENDA DE ROBIN

Robin Hood, Robin de los Bosques o Robin de Sherwood, es un héroe legendario inglés cuyas hazañas aparecen en la poesía popular entre los siglos XII y XV, y cuya figura parece más o menos histórica. En esos poemas, Robin aparece como jefe de una banda de forajidos y personifica la resistencia y el espíritu de independencia de los sajones en tiempos de lucha contra los normandos. El recuerdo de su figura es una bandera de lucha contra la opresión de los nobles y del alto clero, contra el hambre, la pobreza y la injusticia. Robin nunca mata para robar, sólo para defender a los suyos; sólo roba a los ricos y poderosos para regalárselo a los más pobres. Tenía en su banda a cien arqueros, contra los que no pudieron hacer nada ningún ejército.

De la poesía popular, sus hazañas pasaron, en los siglos posteriores, al teatro y la novela de toda Europa, e incluso el mundo del cine, ya en nuestro siglo, ha mostrado interés por su leyenda en repetidas ocasiones. Una prueba de su vigencia es el hecho de que en los condados ingleses de Yorkshire, Nottinghamshire y Lincolnshire hay en la actualidad numerosos letreros que evocan su nombre y su historia.

ROBIN HOOD

ANÓNIMO

susaeta

© SUSAETA EDICIONES, S.A.
C/Campezo, s/n - 28022 Madrid
Tel.: 913 009 100 - Fax: 913 009 118
Impreso en la U.E.

CAPÍTULO PRIMERO

EL HEREDERO

Cerca de la ciudad de Nottingham, destacando del paisaje circundante por su esbeltez, se alzaba el castillo de Edward Fitzwalter, conde de Sherwood. Tanto él como su esposa, Alicia de Nhoridon, eran sajones; al no colaborar en ninguna de las rebeliones contra los normandos, éstos les respetaron.

Sin embargo, vivían en completo aislamiento, pues eran mal vistos en la corte real y en los feudos de los barones normandos.

Enrique Plantagenet, monarca perspicaz aunque indeciso, procuró atraer a su bando al conde de Sherwood, adalid de muchos sajones, pero éste no aceptó un pacto con los normandos en la entrevista concedida por el soberano:

—Desde que vuestro abuelo Guillermo instauró la persecución contra el pueblo sajón, éste ha sufrido incontables atropellos y humillaciones. Agradezco, señor, vuestros intentos de mitigar dicha situación, pero no los considero suficientes —manifestó Edward.

—El odio que separa a normandos y sajones es muy enconado, y debo actuar con cautela —objetó el rey.

—Comprendo, señor, pero la injusticia y la desigualdad requieren soluciones urgentes que, bien lo sé, mis ojos no verán. Confío en que mis descendientes tengan más suerte.

—¿Esperáis algún heredero? —preguntó Enrique.

—Así es, señor.

—Buen conde, ayudaré en lo posible a vuestros compatriotas, pero nada puedo prometeros. Mis barones son reacios a todo cambio. Aún así, ¿no consideráis razonable un apoyo a mi política de apaciguamiento?

—Más razonable sería una ley que declarara la igualdad absoluta entre normandos y sajones, señor —insistió el conde.

—¡Me pedís algo imposible! —exclamó el monarca, irritado.

—Mantendré mi actitud de siempre, señor, tan apartada de la conjura contra vos como de ese apoyo que solicitáis.

La siguiente rebelión sajona no tardó en producirse y, ante ella, los buenos propósitos del rey se esfumaron. La terrible represión desencadenada no hizo sino agrandar las heridas.

Mientras tanto, en el castillo del señor de Fitzwalter cundió la alegría general. Había nacido el heredero del condado, un niño hermoso y fuerte, que dormía en una cuna adornada con puntillas, atendido por doncellas de la condesa Alicia. Ésta encontró atractivo el nombre de Robin, propuesto por su marido como regalo inicial al pequeño.

En este punto del relato, demos paso a la leyenda, que todo lo embellece y adorna: Fata Morgana, reina de las hadas desde los tiempos del rey Arturo y de Merlín, aconsejó a sus pupilas que ofrendasen sus mejores dones a un niño recién nacido.

—¿A cuál elegiremos? —preguntó una de las hadas.

—A uno que sea de noble estirpe y ascendencia sajona —resolvió Fata Morgana.

—¡Si no nos decís más...! —protestó una segunda pupila.

—¡Está bien, he de daros todo hecho! —se impacientó Morgana—. Atended, hijas mías. Un feliz alumbramiento se produjo hace pocos días en el castillo del conde de Sherwood. El niño se llama Robin. ¿Necesitáis más detalles?

—¡Decidido, Robin obtendrá nuestros dones! —gritaron las hadas a coro, entre palmoteos y saltos de alegría.

Acudieron todas ellas en tropel junto a la cuna del infante, y le hicieron entrega de sus dones. Una le concedió belleza; otra, ingenio; y las demás: bondad, generosidad, nobleza de corazón, valor y lealtad. A continuación, las hadas retornaron a su mundo fantástico.

Casi por esas mismas fechas, Ricardo at Lea, conde de Surrey e íntimo amigo del de Sherwood, compartió con aquél la felicidad de tener descendencia, una niña en este caso, que recibió el nombre de Marian. Edward y Alicia corrieron a abrazar a la madre, noble dama sajona, así como el azorado padre, y asistieron complacidos al bautizo de la heredera.

Tras el fracaso de la rebelión sajona, el país disfrutó de unos años de paz, aunque nada cambió. Salvo los siervos sajones que dependían de nobles como Edward y Ricardo, felices a su modo, la generalidad del pueblo vencido quedó reducida a la esclavitud. Los señores normandos, dueños de las tres cuartas partes de Inglaterra, acentuaban su crueldad y despotismo para con ellos.

Durante sus largas charlas de amistad, Edward y Ricardo comentaban la triste situación del pueblo sajón, y hacían votos por la llegada de un monarca lo bastante justo y enérgico para imponer la igualdad entre ambas razas. Asimismo, hicieron planes para unir a Robin y Marian en matrimonio, cuando fuera procedente, con el fin de perpetuar los lazos existentes entre sus respectivos condados.

Pasaron algunos años y la noticia de la muerte del rey normando Enrique Plantagenet llegó al castillo de Sherwood un atardecer de primavera.

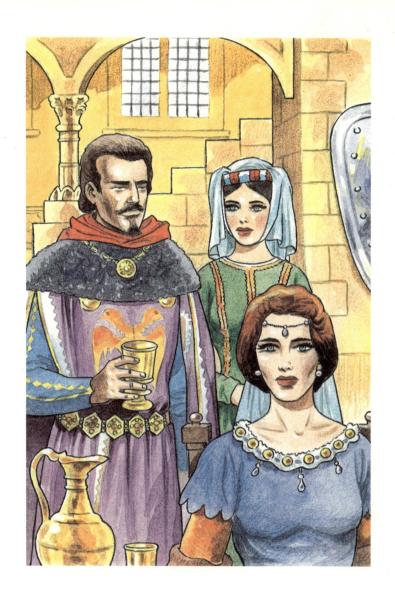

—Que Dios le haya perdonado —murmuró el señor de Fitzwalter, que meses antes había perdido para siempre a su esposa.

—¿Quién será el nuevo rey, padre? —preguntó el joven Robin.

—Su hijo Ricardo, un muchacho juicioso que sólo desea el bien de Inglaterra.

—¿Le conocéis personalmente? —se sorprendió Robin.

—Sí, charlé con él un par de veces; las suficientes para hacerme una idea de su carácter.

Pronto confirmarían los hechos el criterio de Edward Fitzwalter, por suerte para el desventurado pueblo sajón. El nuevo rey Ricardo inició su gobierno con actos magnánimos que trajeron alivio a los oprimidos, gracias a los consejos de su esposa Berengaria y su prima lady Edith.

—Vuestro súbditos sajones viven en la miseria y son tratados como esclavos por sus señores normandos. Os ruego que hagáis algo por ellos, Ricardo —dijo Berengaria.

—Perded cuidado; lo haré. Deseo forjar la nueva Inglaterra sobre unos cimientos de paz y justicia —aseveró Ricardo, sonriente.

—Me alegra oíros hablar así, primo Ricardo —intervino lady Edith—. Este país sólo será grande y fuerte cuando en él predomine la igualdad ante la ley.

Juan sin Tierra, hermano del rey, opinaba de forma muy distinta. Estaba convencido de la superioridad normanda, y defendía cuántas medidas rigurosas pudieran tomarse con el fin de mantener el antiguo estado de cosas. Envidioso de la gloria de su hermano, conspiraba contra él a la cabeza de un puñado de nobles adictos a su causa. Su propósito era evidente: hacerse con el trono de Inglaterra, como respuesta al despotismo del que se creía víctima. En verdad, ni un simple ducado pudo heredar de su padre; por ello se le conocía con el apodo de "sin Tierra". Pero los éxitos iniciales del rey aislaron casi totalmente a su facción, y él tuvo que aguardar la llegada de acontecimientos más propicios.

Durante unos dos años, Inglaterra pareció recobrarse de sus luchas intestinas. No se produjeron rebeliones, pues tanto los normandos como los sajones se adhirieron a la política real.

La mayoría de los señores feudales acataron los mandatos de Ricardo, bien por convencimiento o por temor a su cólera. Suprimieron los castigos corporales a sus siervos y toleraron la libertad de caza en los bosques. Aunque los pobres no salían de su pobreza, siempre encontraban el diario sustento. El odio popular hacia el invasor fue atemperándose con el paso del tiempo, y con las muestras de nobleza y caballerosidad dimanadas por el monarca.

Ricardo, en efecto, participaba como uno más en diversos torneos celebrados en Londres y otras ciudades, siendo frecuentes sus triunfos. Hasta las cortes de Alemania, Francia y Castilla, llegó su fama de hombre valeroso y rey prudente. Por tales prendas, recibió el apodo de «Corazón de León».

La conquista de Jerusalén por parte del sultán Saladino, alteró drásticamente el clima de las cortes europeas. Detenidas consideraciones inclinaron al sumo pontífice del lado de Ricardo, y éste recibió pronto el encargo de dirigir una cruzada contra los sarracenos. El monarca inglés aceptó, no sin vacilaciones, y explicó la decisión a sus principales nobles y consejeros. Entre ellos se contaban Edward Fitzwalter y Ricardo at Lea:

—El triunfo de Saladino pone en peligro a la Cristiandad. Si no le detenemos a tiempo, acabará por conquistar los Santos Lugares, destruirá el reino de Guy de Lusignan, y caerá después sobre Italia y los demás países. Francia, Austria y Alemania se unen a nosotros. Por tanto, el éxito de la cruzada está asegurado. ¿No opináis así, caballeros?

Nutridos vítores se alzaron en respuesta, y la mayoría de los presentes manifestaron su deseo de alistarse en la empresa. Únicamente el señor de Fitzwalter mostró su reserva, diciendo:

—Vuestra marcha impone la regencia, señor. ¿En quién habéis pensado para ello?

—En mi hermano Juan. El tomará las riendas del gobierno con todos los honores y atributos. Creo que es la persona idónea —contestó el rey, amablemente.

Edward y Ricardo volvieron a sus mansiones profundamente consternados. Conocían bien al príncipe Juan, y veían en él la mayor amenaza para la paz del reino:

—La reina y lady Edith acompañarán al soberano, con lo cual sólo queda la reina madre para vigilar los desmanes del príncipe. Débil contención, a fe mía —opinó Ricardo.

—Coincido con vos, y temo lo peor. Si algo nos sucediese a uno de los dos, se impone que el sobreviviente vaya a Tierra Santa para avisar al rey —propuso Edward.

—Apruebo la idea. El príncipe Juan nos considera enemigos suyos, y querrá eliminarnos si tiene ocasión —convino Ricardo, muy preocupado.

Los temores de ambos amigos se hicieron realidad semanas después de la partida del rey. Juan sin Tierra movilizó enseguida a sus partidarios contra la población sajona, y proliferaron los saqueos, ejecuciones, asesinatos y otras muchas arbitrariedades. Las leyes dictadas por Ricardo seguían vigentes, pero su hermano actuaba al margen de ellas.

Un día, el señor de Fitzwalter cayó mortalmente herido en una emboscada perpetrada por una partida de hombres desconocidos, de regreso a su castillo tras visitar a un amigo. De inmediato fue conducido a su hogar, y poco después recibió cristiana sepultura.

Ricardo at Lea sospechó lógicamente del príncipe Juan. En medio de su dolor, recordó el pacto sellado con su amigo, y dispuso lo necesario para viajar a Tierra Santa. Antes de partir, aleccionó dignamente a Robin:

—Tú eres ahora el nuevo señor de Sherwood. Haz honor al nombre que llevas, y haz del servicio a la justicia tu norma de vida. Adiós, hijo mío.

CAPÍTULO II

BAUTIZO DE ARMAS

Ricardo at Lea puso a su hija Marian bajo la protección de Hugo de Reinault, buen amigo suyo de siempre, a quien en otra época había prestado dinero para comprar tierras. Le creía adicto a la causa sajona, y mal podía sospechar que fuese en realidad partidario de Juan sin Tierra. El brillo del oro suele alterar las convicciones poco sólidas, y esto precisamente ocurría en el caso del ahora rico e influyente Reinault.

Semanas antes de la partida de Ricardo Corazón de León hacia los Santos Lugares, el príncipe Juan había comprado la fidelidad de Hugo, —valiéndose del hermano de éste, Robert—, así como la de Guy de Gisborne, Arthur de Hills, y otros nobles bien situados en la corte. El señuelo consistía en la concesión de tierras y prebendas una vez consolidado su dominio sobre el país.

Desde un principio, Hugo de Reinault secundó con gran

17

ahínco las sucias trapacerías del príncipe. De una parte, consiguió nuevos adeptos a su causa; de otra, se apoderó de tierras y patrimonios ajenos con sólo acusar a sus propietarios de intentos de rebelión contra el trono, sin pruebas naturalmente.

También se dedicó a la concesión de préstamos con un interés abusivo, cuyo pago urgía con mucha antelación sobre el plazo previsto. Al no ser complacido en sus exigencias, denunciaba a sus deudoras a la justicia del príncipe, y éste resolvía ordinariamente a su favor.

Así era Hugo de Reinault, el hombre en quien Ricardo at Lea, ignorante de todo, seguía depositando su confianza y la custodia de su hija Marian, el viejo amigo a quien también acudía con ánimo de pedirle un préstamo.

—Edward Fitzwalter y yo abrigábamos la sospecha de que uno de los dos pudiera morir —dijo Ricardo a su interlocutor—. Por eso acordamos que el sobreviviente debería partir a Tierra Santa a advertir al rey de los manejos de su hermano.

—¿Es eso lo que os proponéis hacer? —preguntó aviesamente Hugo.

—Desde luego, pero necesito para ello fletar un barco y mantener a un grupo de hombres armados. No dispongo del suficiente dinero, y por eso vengo a veros.

—Habéis elegido un mal momento, Ricardo. Acabo de realizar varias transacciones de importancia, y me va a resultar imposible complaceros —se excusó el rufián.

—¡Vamos, Hugo! Sé que acostumbráis a manejar fondos ajenos —puntualizó Ricardo, algo tenso.

18

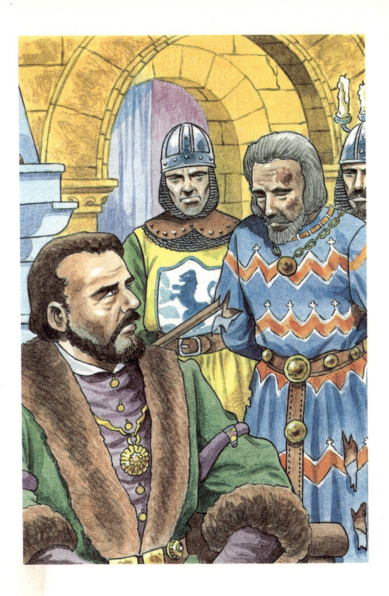

—Sí, lo admito, pero en tal caso la amistad que nos une poco podría influir, y... ya me entendéis —insinuó Hugo.

—Descuidad, que os pagaré el debido interés. Pongo mis tierras como garantía.

—Tampoco quería decir eso —dijo Hugo, fingiendo escrúpulos de conciencia.

—Es lo que se hace en tales casos, ¿no?

—Está bien, sea como decís. Mañana tendréis el dinero. ¿Qué os parece un diez por ciento de interés y un plazo de seis meses para devolver la totalidad del préstamo?

—Las condiciones son razonables, y os agradezco vuestra merced. Quedo conforme con todo —se resignó Ricardo, bien apercibido ya de la rapiña del otro.

Un brindis con vino de borgoña cerró el trato. Aprovechando la distensión del momento, Hugo de Reinault planteó algunas reservas acerca de su tutoría sobre la joven Marian, y Ricardo tuvo que prometerle unos honorarios elevadísimos en contrapartida. Sorprendido hasta el límite por la buena fe de aquél, Hugo pensó para sus adentros:

«¡Pobre incauto, no sabes lo que te espera! Te entregas a mí atado de pies y manos. Jamás volverás a disfrutar de tus tierras y, en cuanto a tu hija, procuraré sacarle el mayor partido».

Tras firmar las escrituras del préstamo y despedirse de Hugo, Ricardo at Lea inició su largo viaje hacia Tierra Santa. Marian quedaba recluida en el convento de Kirkless, a cargo del usurero.

Días después, Hugo de Reinault se presentó en la reunión convocada por Juan sin Tierra en su palacio, y a la que asistían sus más fanáticos partidarios. Allí estaban Guy de Gisborne, Arthur de Hills, Ralph de Bellamy, y Robert, el hermano de Hugo.

El viaje a Tierra Santa de Ricardo at Lea era el tema a tratar, y Hugo de Reinault informó cumplidamente de sus contactos con aquél. Al terminar su exposición, se abrió un silencio, y Guy de Gisborne comentó:

—Debimos deshacernos de éste Ricardo at Lea al mismo tiempo que de su amigo Fitzwalter, pues ya veis, príncipe, caballeros, lo peligroso que puede resultarnos.

—Tenéis razón, amigo Gisborne —aprobó Juan sin Tierra—. Pero me temo que ya sea demasiado tarde. Nuestro buen Reinault ha facilitado al máximo sus planes —añadió, mirando significativamente a Hugo.

—Permitidme que disienta, Alteza —alegó éste, destacándose del grupo.

—¿Acaso no es cierto lo que digo? —se encrespó el Príncipe—. Ricardo at Lea ha partido ya y vos le habéis facilitado el barco y la tripulación.

—Esa tripulación me es adicta y a estas horas ya se habrá amotinado contra su capitán. Ricardo at Lea será traído a mi presencia en pocos días, y encerrado en la mazmorra de mi castillo. Os aseguro que jamás saldrá de allí... con vida. Como es previsible, sus tierras pasarán legalmente a mi poder dentro de seis meses, y podré disponer a mi capricho de los bienes de su hija Marian, en calidad de tutor. El dinero así obtenido lo repartiré entre todos nosotros según lo estipulado —explicó Hugo.

—¡Buena jugada, amigo! —exclamó el príncipe Juan—. En verdad sois astuto.

—¿veis cómo hablaba yo con conocimiento de causa? Mi hermano domina la situación —intervino Robert de Reinault.

Días después, tal como había vaticinado Hugo, Ricardo at Lea era llevado a su presencia. Ofrecía un aspecto lamentable, con la ropa hecha jirones y el rostro entumecido por los golpes.

—¡Así que vos preparasteis el motín! —exclamó el prisionero, al verse delante de Hugo.

—Naturalmente. ¿Creéis que al príncipe Juan puede agradarle el propósito de vuestro viaje a Tierra Santa? —se descubrió el dueño del castillo.

—¡Infame traidor! ¡Ahora lo veo todo muy claro! —vociferó Ricardo, debatiéndose entre los dos esbirros que le custodiaban.

—Demasiado tarde ya, amigo, porque vais a pudriros en mi calabozo, y nunca veréis de nuevo la luz del sol. ¡Llevóoslo! —ordenó Hugo, esbozando una ancha sonrisa.

En la soledad de su celda, el pobre Ricardo at Lea fue presa de la desesperación. Comprendía que su persona, hacienda y honor dependían de aquel malvado; incluso Marian estaba en sus manos. Por primera vez en su vida, lloró el caballero, y lo hizo mezclando sus lágrimas con fervorosas oraciones dirigidas al Altísimo, pues sólo Él podía hacerle justicia. Muy afectado por la muerte de su padre, el joven Robin acudió a visitar a Marian, como buscando consuelo para las heridas de su alma. No la encontró en su casa, y optó por hablar con Ricardo at Lea. Entonces, uno de los criados le dijo:

—El señor partió a Tierra Santa y no tenemos noticias de él. Quizá su amigo Hugo de Reinault pueda informaros mejor. Es el tutor de Marian, y hace una semana vino aquí para llevársela a su castillo.

—¡Qué extraño! Tu amo tiene que conocer la mala fama de ese Reinault. Es un prestamista sin escrúpulos, y su hermano Robert sirve a los normandos desde su puesto de corregidor de Nottingham —repuso Robin, muy confundido.

—¿Pues no pertenecen a la raza sajona? —se admiró el criado.

—Sí, pero también abundan los traidores entre nuestro pueblo cuando hay dinero y títulos por medio.

Intrigado por lo sucedido, Robin acudió al castillo de Reinault para entrevistarse con Marian, pero aquel le negó el indispensable permiso, echando mano para ello de torpes justificaciones y pretextos. Al advertir la proximidad de algunos hombres armados, Robin creyó oportuno retirarse.

Durante algún tiempo, el joven reflexionó acerca del asunto. La actitud misteriosa y vacilante de Hugo le infundía sospechas, y su insistencia para que no viera a Marian nada bueno presagiaba.

Un día, cuando regresaba a su casa tras pasear a caballo por el campo, oyó voces de labradores que discutían y maldecían en alta voz. Apeándose del caballo, Robin intervino en la cuestión, que tenía por escenario una casucha rural.

—¿Pasa algo malo? —preguntó Robin.

Antes de la oportuna respuesta, recibió una lluvia de saludos, pues todos le juzgaban como uno de los suyos. Había allí siervos de Guy de Gisborne, y también algunos de su propia casa.

—Guy de Gisborne ha vulnerado las leyes que dictó Ricardo Corazón de León —dijo uno de ellos—. El pobre Feldon se moría de hambre, cometió una pequeña torpeza y su amo, en castigo, privó de comida a toda su familia. Desesperado, se puso a vagar por el bosque, y mató un ciervo. De resultas, ha sido apresado y condenado a muerte. Su esposa y sus dos pequeños sufrirán tormento.

—¡Qué atrocidad! —gritó Robin indignado—. Iré a pedirle cuentas de todo ello. Ni siquiera un rey tiene derecho a proceder de manera tan inicua.

—Absteneos de hacer tal cosa, señor. Guy de Gisborne es un desalmado, y no atiende a consideraciones. Se sabe respaldado por el príncipe Juan y quiere exterminar al pueblo sajón —advirtió otro sirviente.

—Razón de más para escarmentarle —insistió Robin, montando de nuevo a caballo—. Avisa a todos mis hombres para que aguarden mi regreso en el castillo.

Robin cabalgó con decisión hacia el castillo de Guy de Gisborne, movido por su espíritu justiciero. Nadie, a su entender, podía transgredir las leyes divinas y humanas. Se proponía defender, de por vida, a los humildes y débiles, cualesquiera fuesen su origen, creencias o condición. Por algo había sido educado en el amor al prójimo y en los principios de igualdad de todos los hombres. No consentiría jamás que un señor dispusiese arbitrariamente de la vida de sus siervos, fuese normando o sajón, y más o menos influyente.

Nada más penetrar en el patio de la fortaleza, llamó a uno de los capitanes, dio su nombre y pidió ser recibido por el señor del castillo. Aprovechó el tiempo de la espera para curiosear a su alrededor, y advirtió enseguida los preparativos que se hacían para una ejecución. Con fingida indiferencia, preguntó a un soldado:

—¿A quién van a ajusticiar?

—Al siervo Feldon, por rebelarse contra su señor.

Momentos después, Robin era introducido en el salón principal. Cínico y avieso, Guy de Gisborne manifestó conocer su linaje, así como su visita al señor de Reinault. Un leve intercambio de chanzas, dio paso a la iniciativa del impetuoso Robin:

—He venido a pediros cuentas, como caballero, de un acto indigno que pretendéis realizar, y que atenta contra las leyes promulgadas por nuestro rey Ricardo.

—El único rey que conozco es Juan sin Tierra —repuso desdeñosamente Guy de Gisborne.

—Os recordaré estas palabras a su debido tiempo. De momento sostengo que no podéis ajusticiar a vuestro vasallo Feldon ni torturar a su familia —insistió Robin, rotundo.

—¡Vaya con el muchachito! Me causa hilaridad todo cachorro que enseña los dientes sin comprender las posibles consecuencias de su actitud —se burló el normando.

—¿Suspenderéis la ejecución? —espetó Robin.

—¡Nada de eso! Y quedáis invitado a presenciarla, si lo deseáis —ofreció Guy de Gisborne, jactancioso.

Robin se retiró al punto, persuadido de que por las buenas nada lograría. Tendría que liberar a Feldon y a su familia por la fuerza.

Al volver a su castillo encontró a todos sus hombres en pie de guerra. El ataque a la fortaleza de Guy de Gisborne se realizó por sorpresa, y supuso un auténtico derroche de audacia y destreza combativa. Las tropas del señor normando, muy superiores en efectivos, fueron incapaces de reaccionar, y Feldon fue arrebatado de manos del verdugo por Robin y su grupo. Cuando los soldados del traidor quisieron atrapar a los asaltantes, se encontraron con que éstos habían puesto mucha distancia por medio. Sin embargo, la esposa e hijos de Feldon no pudieron ser salvados, circunstancia que ocasionaría en breve una tragedia.

En vez de pasar al contraataque, Guy de Gisborne se reunió con el príncipe Juan y sus secuaces para alertarles respecto al peligroso Robin. Temieron todos que el joven descubriese lo de Ricardo at Lea e, incluso, los móviles del asesinato de su padre. Por ello, decidieron reforzar en hombres y dinero las huestes de Guy de Gisborne. Tanto o más que la amenaza representada por el nuevo señor de Fitzwalter, influía en ellos el atractivo botín de su castillo y sus tierras.

26

Un nutrido ejército acampó frente al castillo de Robin una semana después. Los defensores, muy inferiores en número, resistieron admirablemente los asaltos del enemigo durante más de un mes. Entonces, Hugo de Reinault ideó una artimaña siniestra para desmoronar la oposición de Robin:

—Este enfrentamiento se debe a la frustrada ejecución de Feldon, ¿verdad? —preguntó Hugo.

—Sólo en parte. Ahora me interesa Robin por encima de todo. Es nuestro principal adversario —afirmó Guy de Gisborne.

—Opinamos lo mismo que vos. Mas escuchad: el propio Feldon puede ayudaros a capturarle —añadió Hugo.

—¿Feldon? No estáis en vuestros cabales —barbotó Guy de Gisborne.

—Os aseguro que sí, amigo. Mirad, es muy sencillo. Proclamad el perdón de Feldon por medio de un mensajero.

—Insisto; desvariáis —le interrumpió el señor de Gisborne, más que perplejo.

—Dejadme terminar. Muchos siervos vuestros están con Robin. Pues bien, ofreced el perdón también a ellos, y luego ordenad que todas las esposas e hijos de los rebeldes se sitúen frente al castillo de Robin. De no aceptar dicho perdón, amenazadles con ajusticiar a las mujeres y niños. Veréis con qué prontitud cambian de criterio.

—Amigo Hugo, añadís una genialidad a otra siempre que la ocasión lo requiere —dijo el señor de Gisborne, admirado—. Procederemos como decís.

La estratagema tuvo éxito. Situados ante la disyuntiva de perder a sus familias si no se entregaban, Feldon y otros muchos siervos abandonaron la lucha y se incorporaron al ejército de Guy de Gisborne. Viendo que nada malo parecía ocurrirles, algunos hombres de Robin siguieron sus pasos, y nuestro joven héroe quedó con tan escaso apoyo, que optó por la huida:

—Nos ocultaremos en el bosque de Sherwood, y desde allí proseguiremos la lucha. Conozco aquel terreno palmo a palmo, y no se atreverán a entrar. Quien desee vivir, que me siga —dijo Robin a sus contados valientes.

Sin que los atacantes lo advirtiesen, Robin y los suyos abandonaron el castillo por una puerta trasera, y en poco tiempo se perdieron en dicho bosque, refugio seguro donde los hubiese.

Mucho dolió a los traidores sajones tan inesperado revés, pero se consolaron pensando que el castillo y las tierras del rebelde quedaban a su disposición. Además, Hugo de Reinault se permitió aventurar:

—En cuanto Robin salga de ese maldito bosque, caerá en nuestro poder irremediablemente.

—Dais en el blanco otra vez, Hugo —sentenció Guy de Gisborne—. Robin Fitzwalter ya no es una amenaza para nosotros.

Como es de suponer, Feldon y sus compañeros de rebelión fueron ajusticiados con todo rigor, inevitable final de quienes, en tiempos de barbarie, saben sacrificarse por los suyos o se fían de la palabra de unos traidores.

CAPÍTULO III

CÓDIGO DE HONOR

Robin y sus seguidores se adaptaron fácilmente a las condiciones de vida que imponía el bosque. Todos eran jóvenes libres de compromisos familiares; podían, por tanto, arriesgar al máximo y dar tiempo al tiempo en su pugna contra la opresión.

Algunos días después de su huida, conocieron por un pastor la suerte de Feldon y los otros rebeldes. Al parecer, la gente de la comarca admiraba la actitud de los fugitivos y estaba dispuesta a ayudarles en lo posible.

Las afirmaciones de ese hombre demostraron ser ciertas. Acudieron al bosque, de manera paulatina, los hombres que Robin tanto necesitaba para organizar un verdadero ejército en pequeño. Alimentos y ropas eran asimismo introducidos allí por campesinos opuestos a Juan sin Tierra. El levantamiento contra el usurpador estaba en marcha, y nada podría detenerlo ya.

Al principio, la vida en el bosque de Sherwood era amena y sosegada. Los rebeldes se sentían orgullosos de obedecer al hombre más honesto de aquellas tierras, y sufrían con paciencia las incomodidades propias de la ocasión. Pero llegó el otoño, y después el invierno, con lo cual surgieron graves problemas.

Aquellos proscritos alzaron chozas bien construidas y dotadas de una pujante chimenea, cuyo fuego se nutría de la recia madera del bosque. Sin embargo, el viento se colaba por todos los resquicios y los vestidos y calzado de la gente empezaban a gastarse. Para aliviar tales trastornos, Robin propuso que alguien fuese a Nottingham en busca de lo necesario para afrontar el invierno con garantías. Como nadie se ofreciese para ello, decidió ir en persona, sin que las advertencias de los más timoratos debilitasen su intención.

—No os inquietéis por mí. Me disfrazaré de mendigo, y nadie podrá reconocerme —dijo él.

Poco después, Robin entró furtivamente en la ciudad de Nottingham con algunas limosnas colectadas por el camino y su temple acostumbrado. Se sentía confiado.

Tras elegir con cuidado las callejas más seguras para transitar, entró en la tienda de un mercader conocido por su astucia y sus malas artes, y encargó ropas para todos sus hombres. Desde luego, no llevaba suficiente dinero, e ignoraba cómo salir del apuro. Algo intranquilo, miró a su alrededor y posó los ojos en una alfombra de gran valor, que le resultaba bastante familiar. Se acercó a ella, y hurgó en su memoria. De repente, dio con el quid del

asunto. Su padre la había adquirido durante uno de sus largos viajes, y ahora recordaba que sobre ella había jugado bastantes veces con Marian. Afloraron tenues lágrimas a sus pupilas y, por un momento, debió luchar con sus emociones y añoranzas. ¡Pobre Marian! ¿Qué sería de ella en esos mismos instantes?

La voz del mercader le sacó bruscamente de sus divagaciones:

—Treinta libras por todo. ¿Hace?

—No hace, mercader. Quince, todo lo más. Hoy te daré las pocas monedas que llevo encima, y mañana o pasado arreglaremos cuentas definitivamente —objetó Robin, desenvuelto.

—Treinta es mi última palabra, y debes pagármelas ahora mismo —se endureció el mercader.

—¡Cómo! ¿Es que no te fías de mí? —fingió ofenderse Robin.

—Tratándose de dinero, yo no me fío de nadie.

—Alguien, en cambio, debe fiarse de ti. Una familia de alta condición, por ejemplo. Si no, no me explico que tengas en tu tienda un tapiz confiscado por la autoridad. ¿Me comprendes, mercader? —silabeó Robin, con perspicacia.

—¿Insinúas algo, amigo? —se encrespó el otro, alarmado.

—Lo que acabas de oír, mercader. Esta alfombra ha sido robada y sospecho que deberás restituirla, en unión de muchas otras cosas que veo por aquí —dijo el proscrito, paseando su mirada en derredor.

El mercader tragó saliva y a duras penas contuvo un estremecimiento. Presentía que el joven pisaba en firme, y que lo entregaría a la justicia si no cedía. ¿No sería acaso un agente del príncipe Juan disfrazado? De atinar con tal presunción, su cuello peligraba.

—Simpático muchacho, ¿por qué supones que ese tapiz ha sido robado? —dijo, un poco engolado.

—No lo supongo, lo sé. Perteneció a mi padre, como tantos otros objetos de por aquí —afirmó rotundamente Robin.

—Querido amigo: si no me denuncias te regalaré los trajes que me pediste, y también la alfombra —ofreció el mercader, ya muy asustado.

Robin guardó silencio, como aparentando disconformidad, y el mercader subió la puja:

—Cuenta además con dos barricas de vino.

Sucesivos mutismos de Robin añadieron al conjunto tres sacos de harina blanca de buena calidad, y un caballo negro para transportarlo todo. Sólo entonces, Robin accedió a mantener el secreto, por más que le advirtiese:

—Si no cambias de conducta en el futuro, te prevengo que tu suerte te abandonará.

Robin emprendió el regreso al bosque con su alijo de víveres y ropas. Tan contento iba, que llegó a su refugio silbando y cantando, en medio de la algazara general. Hubo suficiente para todos, y la manutención durante el resto del invierno quedó asegurada. En su choza, Robin colocó la alfombra sobre la cual reposaría de ahí en lo sucesivo, recreándose en sus recuerdos.

A base de convivir con los animales del bosque, Robin aprendió a tratarlos. Entendía fácilmente su lenguaje y ellos, a su vez, le admitían de buena gana en su círculo de amistades. Era corriente ver al proscrito rodeado de pajarillos, ardillas y cervatillos, pues de él emanaba una aureola muy grata para las criaturas de ese ámbito natural.

El canto de las aves servía a Robín, entre otras cosas, para medir el paso del tiempo, ya que, a cada hora, un pájaro distinto dejaba oír sus melodiosos trinos. El cómputo de los días de clandestinidad lo llevaba el rebelde señalando con tajos de diferente longitud sobre un vetusto tronco los días, semanas, meses y años.

Quizá era el alce real su animal preferido, por más que él afirmarse querer por igual a todos ellos. Los miembros de la partida los sorprendían en ocasiones entregados a una especie de charla muy intrigante. Mientras el alce meneaba la cabeza, los ojos, el hocico y las orejas, Robin emitía sonidos monosilábicos y un poco ahogados. Los temas de conversación abordados eran todo un misterio. Si alguien preguntaba a Robin sobre el particular, éste respondía simplemente:

—Lo siento, nada puedo decirte. Son cosas nuestras.

A decir verdad, el alce era un guía inestimable para Robin, pues le conducía a través de la enmarañada vegetación, le mostraba secretos senderos, y le despejaba el camino con su airosa testa coronada. Gracias a su fino olfato, el animal le avisaba de cualquier peligro que, ya se sabía, consistía casi siempre en incursiones de los esbirros de Juan sin Tierra o de sus partidarios. Merced a tal ayuda, Robin contaba siempre con tiempo suficiente para ocultarse en algún tronco hueco o en cualquier otro escondrijo natural.

El bosque de Sherwood confería a Robin y a sus hombres una total inmunidad; por eso, mientras que ellos no intentaron golpes de mano en el exterior, Guy de Gisborne y sus compinches tampoco actuaron. Sin embargo, Robin tomó muy pronto la iniciativa. Con proverbial astucia y rapidez de movimientos, abandonó su enclave para auxiliar a las gentes perseguidas por los barones normandos, castigar los atropellos cometidos por éstos contra el pueblo inerme, y aguijonear de forma continua a las huestes de Juan sin Tierra. Por donde pasaba Robin, quedaba siempre el hábito de su fama y buen nombre, siendo sus hazañas frecuente tema de conversación en campos, ciudades y aldeas.

Al advertir su creciente celebridad y el auge del movimiento que encabezaba, Robin creyó oportuno adoptar un código de honor, un conjunto de normas que guiase su misión y la dotase de sentido. Tales principios debían de basarse, ineludiblemente, en la fe de Cristo, el amor al prójimo, la defensa de los perseguidos, el castigo de los malvados, y, como resumen, la práctica incesante de la virtud.

—Amigos míos —dijo Robin a cuantos seguidores se habían reunido en torno suyo, en un claro del bosque—. Ha sido y es nuestro propósito respaldar la igualdad entre los hombres y promover la justicia. Vamos, pues, a socorrer a los pobres siervos sajones, a los humildes y desvalidos de esta condición. El bien será la estrella que nos guíe y el amor a los demás nuestra divisa. ¿Queréis acatar este código de honor?

—¡Lo acatamos! —gritaron todos lo presentes al unísono.

—¿Prometéis seguirme hasta la muerte?

—¡Lo prometemos! —refrendaron las voces, brazos en alto.

La banda de los proscritos quedaba así formalmente constituida. Veladas las armas, llegaban los momentos culminantes de su rebelión, y los malhechores comenzaron a temblar.

Habitualmente, las reuniones tenían lugar en el llamado «Gran salón de asamblea», un claro situado en el corazón del bosque, de media legua de diámetro y, tan a cubierto, que ningún vigía podía descubrirlo a distancia. Mediante un cuerno de caza fácil de oír en todo el ámbito del bosque, Robin convocaba a los suyos, y sólo éstos conocían la ubicación del punto de reunión. Ningún enemigo infiltrado hubiese podido dar con él, a pesar de oír el citado cuerno. Por supuesto, a ningún extraño le era permitido el acceso casual a tales asambleas y, para ilustrar el tema, contaremos una curiosa anécdota.

Dos pastores se perdieron cierto día en el bosque al ir en busca de las ovejas que cuidaban. Fue así como pudieron oír el cuerno de caza de Robin.

—¡Qué gran ocasión para descubrir el refugio de ese proscrito! —exclamó uno de ellos.

—Dices bien, compañero. Procuremos dar con alguno de los que asistan a su reunión, y la recompensa ofrecida por él será nuestra —apoyó el otro pastor.

Naturalmente, los hombres de Robin acecharon su conversación y decidieron gastarles una broma pesada. Desorientaron a los pastores haciendo sonar el cuerno de caza en tres lugares distintos. Estos caminaron por el bosque leguas y leguas, hasta caer rendidos, tras haber perdido sus ovejas, el tiempo, las fuerzas, la presunta recompensa, y, además, haber sido burlados por los astutos hombres de Robin.

El arco y las flechas constituían la única arma al alcance de los rebeldes, al serles proporcionada directamente por el bosque. Fácil es de imaginar, pues, la destreza lograda en su manejo por Robin y compañía; de ello dependía su integridad física y el éxito en la caza del venado.

Cuentan los habitantes de la comarca que, en cierta ocasión, Robin y los suyos se inscribieron en un torneo de arqueros organizado por el alguacil de una ciudad próxima al bosque de Sherwood. Ni que decir tiene que ellos coparon todos los premios. Para Robin fue el más importante, dotado con una bolsa de mil escudos.

El alguacil quiso conocer al triunfador del torneo, que vestía elegantemente, y le preguntó:

—¿Cómo os llamáis?

—Robin Hood, señor —contestó nuestro héroe como si tal cosa.

De primeras, el alguacil tomó por una broma aquella respuesta, y le entregó sonriente la bolsa con los mil escudos. Tras felicitarle por su habilidad, se interesó nuevamente por su identidad.

—Ya os lo he dicho. Soy Robin Hood —reiteró el proscrito.

Esta vez, todos los presentes quedaron convencidos, y el atónito alguacil no perdió el tiempo:

—¡Cogedle! ¡Que no escape! —gritó a sus esbirros con voz airada.

Robin se escurrió veloz como un gamo, y pronto estuvo a salvo junto a sus hombres, que le habían precedido en su retirada.

CAPÍTULO IV

RICARDO CORAZÓN DE LEÓN

En una de sus frecuentes escapadas del bosque, Robin Hood enfiló el camino de Norfolk, una ciudad próxima. A poco, se encontró a un hombre provisto de un arco y flechas que avanzaba con cautela, mirando en todas direcciones.

—Buen día tengas, amigo —le saludó cordialmente Robin.

—¿Quién eres tú? ¿Qué haces aquí? ¿A dónde te diriges? —reaccionó el otro, mirándole de arriba abajo.

—Muchas preguntas son esas, pero te diré: soy mercader, me agrada pasear por el campo, y voy a Norfolk con el fin de ultimar negocios.

—O sea, que eres rico —supuso el extraño.

—Sí, lo soy —admitió Robin.

—¡Cómo te envidio! —exclamó su interlocutor—. Puedes pasear a capricho, comprar lo que quieras, viajar, disfrutar de todos los placeres... Espero ser de los tuyos muy pronto.

—¿Algún tesoro oculto en ciernes? —especuló Robin.

—¡Que más quisiera yo, amigo! No, el asunto es más delicado. Se trata de la captura de un peligroso bandido por el que ofrecen una recompensa de quinientas libras. Ando tras sus huellas —confesó el otro.

—¿Cómo se llama ese malhechor que buscas? —inquirió Robin, asumiendo una actitud de indiferencia.

—Robin Hood —contestó el cazador de recompensas.

—Me suena ese nombre... sí, creo haberlo oído en alguna parte... Pero, díme: ¿le conoces?, ¿sabes dónde se esconde?, ¿cómo piensas capturarle?

—Muchas preguntas son esas —dijo el otro, parodiando a Robin—. La respuesta es de lo más simple: jamás le he visto, y sólo sé que se esconde en el bosque de Sherwood —contestó el viandante, cabizbajo.

—Con tan escaso bagaje en tu mano, nada conseguirás. Déjame que te ayude. Tengo amigos poderosos en Norfolk que pueden proporcionarte hombres y perros rastreadores. Ven conmigo, y te presentaré a ellos —le ofreció Robin, perfectamente serio.

El otro aceptó encantado, y ambos siguieron derechos a la ciudad. Al llegar frente a una taberna, Robin propuso:

—¿Te apetece entrar? Tengo hambre y sed. Yo invito.

—De acuerdo. También yo siento apetito.

Bien acomodados en una mesa del rincón, los dos viajeros encargaron jamón, huevos, pan y ríos de cerveza. De todo dieron inmediata cuenta, y acabaron brindando a la salud de Robin Hood, el bandido que haría rico al infeliz. Este rodó bajo la mesa momentos después, completamente borracho, y Robin salió a la calle tranquilamente, divertido por su aventura y libre definitivamente de su perseguidor. Antes de retornar a su escondrijo, huroneó un buen rato por la ciudad, y se enteró de que muchos sabuesos andaban tras su pista.

De vez en cuando, algún valiente sajón se internaba en el bosque se Sherwood con intención de unirse a la banda de Robin. La admisión del presunto candidato exigía, por supuesto, un meticuloso interrogatorio, pues eran de temer filtraciones de agentes al servicio del príncipe o de los barones normandos. Robin se encargaba personalmente del asunto, y entrevistaba al aspirante en rincones o encrucijadas del bosque muy alejados de su refugio. A los pocos hombres rechazados, les hacía salir inmediatamente de sus dominios, no sin advertirles duramente respecto a posibles indiscreciones de su parte. Generalmente llegaban a él siervos despojados o maltratados por los barones normandos, aunque no faltasen rebeldes de buena ley adictos a los ideales de Robin.

Por esa época, noticias alarmantes conmovieron a toda Inglaterra. Si en un principio se había creído que Ricardo Corazón de León halló la muerte en la cruzada, después se confirmó que estaba vivo, aunque prisionero del rey Enrique de Alemania.

La historia de los hechos se presentaba un tanto confusa. Diversos triunfos sobre los sarracenos habían culminado en un acuerdo de paz muy favorable para las armas cristianas. Tras obtener de Saladino las reparaciones pertinentes, Ricardo Corazón de León emprendió el regreso a su país desde las lejanas tierras de Oriente. A su paso por Austria, tuvo un lance funesto con el príncipe Conrado, que terminó en el llamado Juicio de Dios, o desafío cuyo resultado se ponía comúnmente en manos del Altísimo. Tal avatar no era aprobado por la Iglesia, pero ello tampoco justificaba la detención del rey Ricardo, tras dar muerte a su antagonista. A requerimiento del rey Enrique de Alemania, feroz enemigo de Ricardo, el monarca austríaco, de nombre Leopoldo, ordenó que el prisionero le fuese entregado.

Retrocediendo al momento de la detención de Ricardo, diremos que su fiel amigo, el príncipe David de Huntington, sufrió gravísimas heridas al intentar defenderle. Los soldados austríacos, dándole por muerto, no se preocuparon por él. Quiso la providencia que un campesino le encontrara y lo llevase a su choza, donde permaneció entre la vida y la muerte algún tiempo. Cuando al fin logró reponerse, el príncipe de Huntington, más conocido por sir Kenneth, buscó la manera de liberar a su rey.

Tras despedirse del buen campesino, sir Kenneth compró un brioso corcel y tomó el camino de Roma. Su propósito era conseguir influencias papales de cara a la suerte de Ricardo.

Ya en Roma, sir Kenneth solicitó la ayuda de poderosos personajes, pero todos le respondieron con evasivas, temerosos sin duda de la cólera del rey austríaco Leopoldo. Una tarde, cuando oraba en una de tantas iglesias romanas, tropezó con alguien muy conocido: se trataba del ermitaño Hamako, hombre a quien debía infinidad de favores.

—¡Cuánto me alegro de veros! —exclamó sinceramente sir Kenneth—. Siempre aparecéis en momentos difíciles para mí.

—Será que el cielo me envía para valeros. Venid a mi casa, os lo ruego —ofreció el bondadoso Hamako.

Una vez instalado allí, sir Kenneth se confió totalmente a él. Las desventuras del rey Ricardo eran muy conocidas en Roma, y el ermitaño se mostró favorable a su liberación. Después de reflexionar unos instantes, dijo:

—Tengo influencia sobre algunos cardenales, y sabré utilizarlo. Además, pediré audiencia al sumo pontífice. La Cristiandad debe quizá su salvación a Ricardo Corazón de León, y él no puede ignorarlo.

—Acertáis, buen amigo. El rey habló con el Papa antes de caer prisionero para informarle de sus triunfos en Oriente y del pacto acordado con Saladino —se extendió sir Kenneth.

—Mejor me lo ponéis, entonces. Si el Papa interviene, Leopoldo tendrá que liberar a vuestro rey —se animó el ermitaño.

Como era previsible, el sumo pontífice recibió en audiencia a Hamako, y le prometió movilizar toda su influencia para lograr la liberación de Ricardo. El ermitaño dio la buena noticia a su huésped, quien se alegró infinito.

—Puesto que ya nada me retiene en Roma, volveré a

Tierra Santa —dijo finalmente Hamako—. Siento añoranza de mi cueva de las montañas, y sólo vine a esta ciudad para visitar a mis superiores. Disponed de mi casa el tiempo que deseéis.

—Os lo agradezco, querido amigo. Ahora podré seguir pensando cómo pagaros tantas mercedes —repuso sir Kenneth, emocionado.

—Lo hacéis siempre que defendéis una buena causa.

Semanas después, Ricardo Corazón de León fue puesto en libertad. En el fondo, los buenos oficios del Papa no constituyeron la razón determinante. El rey Enrique de Alemania había contado con obtener un altísimo rescate por su prisionero, y por ello envió mensajes a la corte inglesa anunciando su cautividad. Juan sin Tierra se alegró de la nueva, y despidió a los alemanes abruptamente, no sin gritarles:

—¡Decid a vuestro rey que puede quedarse para siempre con Ricardo Corazón de León! Yo y mi país lo celebraremos!

Perdida toda esperanza de cobrar el ambicionado rescate, Enrique cedió con desgana a las presiones de Roma, y soltó a su prisionero. La reina Berengaria y lady Edith, entretanto, habían podido llegar sanas y salvas a Inglaterra. El tirano las recibió con fingida cortesía, mientras rumiaba la posibilidad de encerrarlas en la Torre de Londres. La firme oposición de Leonor, la reina madre, le disuadió por el momento.

La situación ofrecía grandes ventajas al príncipe Juan y éste quiso aprovecharlas. Él se había negado a pagar rescate por su hermano, en efecto, pero nadie lo sabía, excepto sus lacayos, y éstos no se irían de la lengua. De modo que, en apariencia, él deseaba liberar a Ricardo. Como las arcas reales estaban casi vacías, tendría que recurrir a impuestos extraordinarios. Habida cuenta del amor y respeto que se le profesaba al buen rey, todos responderían satisfactoriamente, las arcas volverían a llenarse... pero Ricardo Corazón de León seguiría cautivo. La reina madre Leonor, al enterarse de la exigencias de Enrique, decidió vender sus joyas para contribuir a recaudar los fondos necesarios, impulso que alegró no poco a Hugo de Reinault, Guy de Gisborne, y otros beneficiarios del gran desfalco nacional.

Todo salió como el príncipe había imaginado. Nobles y vasallos, laicos y religiosos, pagaron dichos impuestos casi con alegría, deseosos de ver a su rey en libertad lo antes posible. La reina madre vendió sus joyas, se recaudó en total una suma enorme, y el consiguiente reparto del botín mereció ruidosos brindis.

Sin embargo, el transcurso del tiempo y la ausencia de novedades mudaron el parecer de las gentes. Ricardo Corazón de León, según las trazas, continuaba en prisión, y el príncipe regente no daba cuenta pública del dinero recaudado. Fue así como estallaron movimientos sediciosos en varias ciudades y aldeas del país, teniendo que intervenir el ejército con dureza.

Convencida de los turbios afanes del príncipe, Leonor aconsejó a lady Edith que marchara a Escocia, pues la creía en peligro. Allí podría esperar el regreso de su prometido, el príncipe David de Huntington, con quien debía contraer matrimonio. La reina Berengaria, por su parte, luchó valerosamente contra la incertidumbre y la desesperación. Mientras Ricardo viviese, no podía rendirse a las asechanzas de Juan sin Tierra, y en ella encontró el pueblo un ejemplo inestimable de lealtad a la causa real.

Apenas liberado de su humillante cautiverio, Ricardo Corazón de León se dirigió a Roma en busca de su amigo, sir Kenneth. El feliz reencuentro tuvo lugar en casa del ermitaño Hamako, ausente ya de la ciudad. Una vez informado de los detalles de su liberación, el rey preguntó:

—Decidme, David, ¿tenéis noticias de Inglaterra?

—Sí, mi señor. Algunas son buenas y otras no tanto.

—Empezad entonces por las buenas —solicitó Ricardo.

—Según parece, vuestra esposa la reina y lady Edith se encuentran bien, lo mismo que vuestra augusta madre.

—¡Qué alivio siento al oiros! Temía seriamente por ellas —exclamó el monarca alegremente.

—También sostiene un enviado mío que lady Edith ha partido hacia Escocia por consejo de la reina madre, y espera que me reúna allí con ella.

—Bien, vamos ahora con las malas noticias —suspiró Ricardo.

—El mensajero del que os hablo pudo averiguar que el dinero de vuestro rescate se lo han repartido el príncipe Juan y sus principales seguidores. El pueblo gime bajo la opresión de todos ellos y reclama la devolución de los impuestos extraordinarios recaudados para conseguir vuestra libertad. Son tantos los abusos e injusticias, que proliferan las partidas de bandoleros —siguió diciendo sir Kenneth.

—Supongo que formadas todas ellas por rufianes de la peor calaña —aventuró el rey, contrito.

—No todas, majestad. Las hay dedicadas al restablecimiento de la justicia en Inglaterra. Una, en especial, me llama la atención. Según dicen, está mandada por un tal Robin Hood, y se oculta en el bosque de Sherwood.

—¿Robin, decís? El hijo de Edward Fitzwalter llevaba ese nombre... —especuló el monarca, con mirada ausente.

—Y habitaba en un castillo muy próximo a dicho bosque. No dudéis más, señor. Él y ese proscrito son la misma persona —aseguró sir Kenneth.

—¿Tan graves desafueros cometen mi hermano y sus secuaces como para hacer de ese noble muchacho un fuera de la ley? —se admiró Ricardo.

—La ley que citáis ya no existe en Inglaterra, majestad —dijo solemnemente sir Kenneth.

El monarca suspiró de nuevo e, inclinando la cabeza tristemente, murmuró:

—Debo regresar a mi país cuanto antes. Quiero saber lo que allí sucede realmente. Que nadie se entere de que estoy en libertad, pues el anonimato facilitará mi propósito. Llegado el momento, haré justicia a traidores y leales con pleno conocimiento de causa.

—Excelente idea, mi señor. ¿Puedo acompañaros?

—No, David. Vos iréis a Escocia, tal y como lo habíamos planeado. Os casaréis con lady Edith y ocuparéis el trono de ese país. Sólo así podréis ayudarme eficazmente ordenó Ricardo.

—Será para mí un orgullo hacerlo, majestad.

—Os lo ruego, aprestad enseguida un ejército, por si necesitara de él —pidió el soberano.

—Descuidad, mi señor. Lo haré de inmediato —prometió sir Kenneth con la mayor determinación.

Ambos amigos se abrazaron con calor, y cada cual inició su misión. Ricardo, de incógnito, partió hacia Inglaterra con ánimo de esclarecer los hechos; David de Huntington, por su parte, puso rumbo a Escocia para cumplir a rajatabla las instrucciones de aquél.

CAPÍTULO V

LA ASTUCIA DE ROBIN

Es hora ya de volver junto a Robin Hood, el héroe de nuestro relato, personaje sumamente odiado y temido por los traidores de su misma raza y, ¡cómo no!, por el propio Juan sin Tierra.

Dos años habían pasado desde que Robin y sus hombres buscaron refugio en el bosque de Sherwood. La inviolabilidad del mismo, lejos de debilitarse, cobraba visos mitológicos, como si en sus profundidades habitase un dragón de cien cabezas.

Las escapadas de Robin fuera de sus dominios, menudeaban cada vez más. Un día, encontró a un alfarero que llevaba una carreta tirada por una mula. Se veía al hombre resentido por la dureza del camino y sus muchos años.

—¿Puedo ayudaros, buen hombre? Vuestro aspecto no es halagüeño —dijo Robin, amablemente.

—Como gustéis. La verdad es que me siento enfermo —murmuró el anciano, con mirada vidriosa.

—Llamaré a mis hombres para que os atiendan. Un caldo caliente y un muslo de venado hacen prodigios.

—¿Quién sois vos? —preguntó el alfarero, jadeando penosamente.

—Robin Hood, para serviros.

—Robin Hood! ¡El amigo de los pobres...! —logró exclamar el anciano.

—Bueno, decídme lo que he de hacer con esta carreta —abrevió Robin, cambiando de tema.

—Me dirigía a Nottingham con el fin de vender mi mercancía. ¿Sabéis?, necesito reunir dinero para mi hija, y pensaba hacer un buen negocio. Hay dentro una vajilla de oro y plata. Por los precios no os preocupéis; están todos anotados —dijo el anciano, con voz ya muy débil.

—Aguardad mi regreso en compañía de éstos dos leales —exhortó Robin, presentándole a sus hombres—. Intentaré sacar el mayor partido de la mercancía.

—Que Dios os lo premie —balbuceó el enfermo, mientras era retirado hacia el bosque por los compañeros de Robin.

—Quedad con Él y con los míos —contestó el proscrito, haciéndose cargo de la carreta.

Disfrazado de modo conveniente, Robin Hood partió en dirección a Nottingham. Parecía un auténtico alfarero. Por el camino se le ocurrió una buena idea y, ya en la ciudad, empezó a vender los artículos que llevaba a los precios indicados por su dueño, excepto la vajilla de oro y plata, que reservó para después. A decir verdad, los objetos del alfarero eran de buena calidad y sus precios muy asequibles a los compradores. Por ello, gran número de vecinos se congregó en torno a Robin y su carreta. Robert de Reinault acertó a pasar por delante del corrillo, y se sumó al tira y afloja comercial, adquiriendo de resultas algunas vasijas de cerámica. Su hermano Hugo también se interesó por los productos del alfarero, y mandó llamar a Robin a su palacio. Eso era precisamente lo que el rebelde pretendía.

El traidor le observó atentamente, y luego dijo:

—Bueno, mercader. Veamos qué tenéis que ofrecerme.

—Esta magnífica vajilla de oro y plata, señor —indicó Robin, mostrando su producto—. Es todo lo que me queda.

—¿Cuánto queréis por ella? —preguntó Hugo, codicioso el gesto, brillante la mirada.

—Nada, señor. Tomadla como un homenaje a vuestra persona —dijo Robin humildemente, mientras alargaba la vajilla a su enemigo.

—¡Un gran gesto, vive Dios! —exclamó Hugo, muy satisfecho.

En correspondencia a su regalo, Robin fue invitado a comer con los hombres de armas de Hugo. El comedor hervía de conversaciones referentes a él y a sus hombres, y pudo enterarse de lo que le interesaba. Los hermanos Reinault habían doblado ya el precio puesto a su cabeza. Además, proyectaban una batida con setenta u ochenta hombres; el señor Guy de Gisborne habría de dirigir la empresa.

Sonriendo para sus adentros, Robin pensó:

«Creen, por lo visto, que somos veinte o treinta, cuando en realidad pasamos del medio centenar. ¡Buena sorpresa se van a llevar al entrar en el bosque!».

El proscrito terminó la suculenta cena con toda parsimonia, abandonó el comedor, se despidió amablemente de los hermanos Reinault, salió del palacio y, por último, abandonó tranquilamente la ciudad.

Poco después, la servidumbre de Hugo halló en el lugar que ocupara Robin en el comedor un pergamino que decía:

«Robin Hood agradece sinceramente al buen Hugo de Reinault, y también a su hermano, el corregidor de Nottingham, la opípara cena y su cordial acogida, detalles a los que espera corresponder próximamente en su palacio del bosque de Sherwood».

Ya podrán figurarse, amables lectores, el arrebato de cólera que la lectura del mensaje provocó en los Reinault. Cuentan los testigos allí presentes que llovieron las blasfemias e imprecaciones de ambos hermanos, al igual que terribles puñetazos sobre la mesa más a mano, todo envuelto en un rodar por el suelo de la mejor vajilla de palacio, que ordenaran sacar en honor de su huésped.

A su regreso de Nottingham, Robin halló que el buen alfarero había muerto. Por fortuna, pudo averiguar la dirección de su hija, y fue a entregarle en persona el dinero conseguido en la ciudad. La afligida muchacha se deshizo en elogios para con él, dada su generosidad. El gesto del rebelde incrementó su ya enorme popularidad, motivo adicional para que los barones normandos bufasen irritados.

Ante la inminencia del ataque al bosque de Sherwood, Robin ideó hábiles estratagemas para despistar a sus enemigos. Falsos senderos fueron abiertos, algunas trampas quedaron dispuestas, y pequeños grupos de arqueros recibieron la consigna de hostigar al invasor mediante un cambio constante de posiciones.

Días después, los vigías de Robín, apostados en las lindes del bosque, divisaron a las huestes del señor de Gisborne, más nutridas de lo previsto, y corrieron a avisar a su jefe. Este dio las órdenes oportunas, y todos los rebeldes ocuparon sus escondites secretos, perfectamente invisibles a las miradas extrañas.

Los soldados de Gisborne penetraron en el bosque precavidamente. Cada uno tenía la intención de ganarse las quinientas monedas de oro ofrecidas por la cabeza de Robin, pero en el ánimo de todos se imponía el deseo de ver al proscrito cargado de cadenas y paseando burlescamente por las calles de Nottingham.

Durante horas, avanzaron rodeados de un completo silencio. Los animales del bosque, haciendo causa común con Robin, dejaron de trinar, silbar, rugir, aullar o piafar. El viento ya no soplaba, y las plantas guardaban una completa inmovilidad. Tan anómalo era el aspecto del bosque, que muchas leyendas y supersticiones comenzaron a rondar las mentes de esos hombres.

Al llegar la noche, acamparon en un claro no muy grande y de siniestros perfiles. Pronto chisporrotearon las hogueras, y pujantes lenguas de fuego disgregaron las tinieblas, haciendo brotar del aire un haz de sombras vagarosas. Nadie probó bocado, atentos los ojos al bamboleo del follaje, aguzados los oídos frente a rumores inciertos, que se acercaban más y más.

De repente, captaron vislumbres y duendes y fantasmas que merodeaban por la espesura, y sus temores dieron paso a un horror contenido. Poco después, resonaron irónicas risotadas y gritos infrahumanos. Al oír aquello, varios soldados se pusieron a gritar histéricamente, y corrieron al encuentro de Gisborne para exigirle una inmediata retirada. Nuevas apariciones acompañadas de espantosas carcajadas, rompieron definitivamente los nervios de todos, y un estrecho cerco de hombres se apelotonó en torno a su jefe, para refrendar la petición de sus compañeros.

Justo en ese momento, treinta fantasmas armados con gruesas estacas se abalanzaron sobre el grupo, y, tantos golpes repartieron, que el claro quedó pronto sembrado de cuerpos molidos. Naturalmente, los susodichos fantasmas no eran otros que los hombres de Robin, autores asimismo de la comedia montada anteriormente.

Hubo soldados que, reaccionando valerosamente, se liaron a mamporros con sus presuntos enemigos, pero tal era la confusión reinante, que acabaron golpeándose mutuamente, pues los atacantes emprendieron enseguida la retirada, y no se veía a más de dos pasos. Largo rato después, cesó la ridícula reyerta y se impuso la calma. Quien más, quien menos, estaba maltrecho y dolorido, de modo que las órdenes apremiantes de Guy de Gisborne, empeñado todavía en proseguir la búsqueda de los proscritos, cayeron en saco roto. Cuando el propio cabecilla se apercibió de que todas las armas de su grupo habían desaparecido como por ensalmo, acató el deseo general de retornar a la ciudad.

El desenlace de aquella incursión fue pronto conocido en Nottingham y en su comarca, con las consiguientes burlas del pueblo y el natural sonrojo de Guy de Gisborne y su pandilla. Por todas partes abundaban sonrisas mal contenidas, chistes y sátiras al respecto, siendo frecuentes las disputas entre los hombres de Guy y algunos lugareños de lengua inquieta.

Paralelamente, la fama de Robin y sus muchachos creció hasta las nubes. Poner en ridículo a los normandos no era algo al alcance de cualquiera, y miles de almas mitigaron su esclavitud feudal con la evocación de aquellos divertidos sucesos.

La coalición de los barones normandos contra Robin, hasta entonces desvaída e incierta, tomó un carácter oficial. Juan sin Tierra volcó todo su apoyo en favor de un objetivo preponderante: el de exterminar sin paliativos a «aquella banda de delincuentes».

CAPÍTULO VI

COMPAÑEROS DE FATIGAS

Nada hemos dicho aún del infortunio de Marian, la hija de Ricardo at Lea, entregada como se sabe a la tutela de Hugo de Reinault. Hagamos, pues, justicia a su triste situación.

Arrebatada de su castillo por tan indigno personaje, languideció varios años en la más absoluta reclusión, vejada en ocasiones por comentarios e insinuaciones de aquél. Fuera de ello, no se produjeron sucesos destacables.

Al acercarse a su mayoría de edad, Marian observó que el acoso de su tutor se intensificaba, y comprendió el motivo. A partir de la fecha indicada, podría disponer libremente de sus bienes, con lo cual el infame Reinault ya no gozaría de respaldo legal para seguir administrándolos, es decir, dilapidándolos. También podría Marian contraer matrimonio a voluntad, iniciativa de consecuencias asimismo nefastas para la ambición de Hugo. Se explicaba, por tanto, el nerviosismo de ese buitre, y sus propósitos malignos.

Como primer paso, Hugo informó a Marian del fallecimiento de su padre, acaecido tanto tiempo atrás:

—Su barco naufragó por motivos ignorados, aunque se sospecha de la intervención de algunos criminales —dijo, con voz afectada.

—¿Han dado fruto tales sospechas? —interrogó Marian, capciosa.

—Por desgracia, no. Y créeme que lamento su muerte.

—Lo creo, lo creo... —murmuró ella, reticente.

—Ahora he de pensar en tu futuro —añadió Hugo, abordando sin más el segundo punto de su plan—. Pronto serás mayor de edad y, en mi calidad de tutor tuyo, considero mi obligación aconsejarte. Estimo conveniente que te cases.

—¿Casarme? Soy demasiado joven para hacerlo —se evadió Marian.

—Sabes que no es así, pequeña. Escucha, un caballero de elevada condición y probadas virtudes, se interesa por ti —dijo Hugo, confidencial.

Marian ni se molestó en averiguar la identidad de tal pretendiente, suponiendo certeramente que se trataba de alguien a sueldo del príncipe Juan o de su camarilla. El «caballero» en cuestión era Ralph de Bellamy, un facineroso de primer orden que había obtenido su título de barón y su tétrico feudo de manos del tirano, en pago a ciertos favores importantes.

La diversión preferida de Bellamy consistía en despo-

jar de sus bienes a cuanto mercader o viajero tuviese la ocurrencia de transitar por las inmediaciones de su castillo.

Desde luego, Bellamy era el instrumento esgrimido por Hugo de Reinault para apoderarse definitivamente de las riquezas de Marian, con excepción de una cuarta parte de la herencia, destinada a compensar a Bellamy por su casamiento. Una condición adicional del acuerdo, contemplaba la contribución del pretendiente, en hombres y armas, a la causa de los barones contra Robin Hood y su banda. No obstante el sigilo con que se llevó el asunto, algo trascendió a la luz pública, ya que los espías de Robin, apostados por doquier, informaron cumplidamente a su jefe. Este, sin pérdida de tiempo, comenzó a fraguar un plan para salvar a Marian y, de paso, dar un buen escarmiento a sus enemigos.

Al conocer el nombre de su pretendiente, Marian mudó su indecisa actitud de rechazo en rotunda oposición a contraer matrimonio. Por eso, cuando Guy de Gisborne vino a buscarla horas antes de la ceremonia, se encerró en sus aposentos, negándose a ver a nadie.

Todo estaba dispuesto para la boda en el castillo de Bellamy. Durante algún tiempo, Hugo de Reinault intentó persuadir a Marian de que su resistencia era inútil. Después, viendo que con palabras suaves nada conseguía, recurrió a las amenazas, pero ella se limitó a responder:

—¡El señor de Bellamy nunca será mi esposo!

—¡Te casarás con él aunque tenga que emplear la fuerza! —gritó Hugo a través de la puerta.

Fue necesario que sus esbirros derribasen dicha puerta para que Marian cediese en su actitud. Impávida y serena, preparó el traslado de sus cosas, imploró en silencio la protección divina, y se incorporó a la comitiva de Gisborne. Momentos después, todos se pusieron en camino, sin sospechar la sorpresa que les aguardaba.

Detengamos brevemente el hilo del relato para dar a conocer a los principales compañeros de Robin Hood. La medida es muy conveniente, porque en lo sucesivo aludiremos a los méritos y logros de todos ellos.

Empecemos por John Mansfield, uno de sus lugartenientes. Hombrón en todo el sentido de la palabra por su gran fuerza y corpulencia, así como por su elevada estatura, era, además, culto e inteligente. Su amistad con Robin se hizo inquebrantable, y pocos le aventajaban en astucia y eficacia. Tenía el don de hacerse obedecer y respetar sin alzar la voz, casi afablemente. Para ilustrar su fuerza hercúlea, diremos que en lucha cuerpo a cuerpo podía vencer, sin gran trabajo, a ocho o nueve adversarios.

Robin conoció a Pequeño Juan —así le llamaban todos—, durante el primer año de proscripción, al regreso de una incursión con su banda. El cabecilla vadeaba un caudaloso río por un puente de madera, en compañía de los suyos; dada la estrechez de dicho puente, avanzaban en fila, uno a uno. De improviso, Robin observó que un hombre se acercaba a él desde el extremo opuesto del puente. No había paso para los dos, así que Robin le gritó:

—¡Retroceded, forastero!

—¡Eso mismo digo yo! —repuso el gigantón, fiero de gesto y una pulgada y media más alto que nuestro héroe.

—¿Queréis pelea? —quiso amedrentarle Robin.

—Si os empeñáis...

Fue aquel un combate épico, de los que se ven muy pocas veces. Aunque Robin puso toda la carne en el asador, hubo de rendirse ante el poder físico del otro. Levantándose del suelo, reconoció:

—Me habéis vencido, amigo. ¿Cuál es vuestro nombre?

—John Mansfield —contestó el gigante, muy ufano.

—¿Sois de por aquí? —siguió preguntando Robin.

—No, huyo de los normandos. Me han arrebatado todas mis tierras y, como quiero recuperarlas tarde o temprano, voy a unirme a Robin Hood. Dicen que merodea por el bosque de Sherwood.

—Quedas aceptado en su banda, ya que has logrado vencerle en noble lid —dijo Robin, sonriente.

—¿Cómo? ¿Vos sois Robin Hood? —farfulló el hombrón, sorprendido.

—Sí, Pequeño Juan, y no te apures. Necesito hombres como tú —afirmó Robin, tuteándole ya con toda confianza.

El segundo lugarteniente de Robin era muy distinto, físicamente hablando, ya que alzaba pocos palmos del suelo. Queriendo quizá compensar tan baja estatura, sus compañeros le pusieron el nombre de Much, o sea, «mucho» en inglés. Mas, si pequeño de cuerpo, Much era grande de espíritu y corazón. Poseedor de una refinada cultura, derrochaba tenacidad y valentía por partes iguales. Cuando tomaba una decisión, nada ni nadie podían hacerle desistir de ella. Para ser exactos, recordaba a un mastín que no suelta la presa capturada, salvo que su dueño se lo ordene.

Robin le quería como a un hermano, y no perdía ocasión de ensalzarle públicamente en momentos decisivos, cuando su fidelidad y coraje se hacían más patentes.

El proscrito conoció a Much más o menos por la época de Pequeño Juan, en circunstancias muy distintas a las de aquél, aunque también de regreso al bosque tras un audaz golpe de mano contra un castillo normando.

El propietario abusaba siempre que le venía en gana de la gente humilde de los alrededores. Así pues, se hizo acreedor a una visita de Robin y los suyos.

El ataque salió bien, y el barón derrotado tuvo que pagar un fuerte tributo en oro, producto aproximado de sus últimas rapiñas. Robin repartió ese tesoro entre los vasallos más perjudicados por aquél, y luego emprendió la vuelta a sus dominios.

De camino, pasaron él y los suyos junto a un viejo molino humeante, del cual sólo quedaban las paredes. Un hombre estaba sentado en una piedra, con la cabeza hundida entre sus manos, como si se doliese de algo.

—¿Qué os pasa, buen hombre? —preguntó Robin.

El otro no respondió, insensible a la presencia de todos ellos. Uno de los proscritos descabalgó entonces, se aproximó a él, y le zarandeó bruscamente, diciendo:

—¡Vamos! ¡Responde a Robin Hood!

Al oír tal nombre, el aludido reaccionó de inmediato:

—¿Decís Robin Hood, el defensor de los débiles y la pesadilla de los poderosos? —exclamó, incrédulo.

—Eso dicen —confirmó el propio Robin—. Y ahora, os vuelvo a preguntar: ¿qué os sucede? ¿No sois vos el molinero Much? ¿No es ese vuestro molino? ¿Y vuestra esposa e hijos?

—Soy quien suponéis, esto es lo que quede de mi molino, y acabo de enterrar a mi esposa e hijos no hará dos horas —contestó Much, con voz casi inaudible.

—¿Quién es el responsable de toda esta tragedia? —inquirió Robin, apretados sus dientes en un rictus pavoroso.

—Ralph de Bellamy. Sus secuaces vinieron a quitarme todo el trigo que me quedaba, pero no les pareció suficiente y me acusaron de dar el grano a los rebeldes. Tras amenazarme de muerte, pegaron fuego al molino. Mi esposa y mis hijos estaban dentro... y no pude sacarlos —terminó diciendo Much, entre sollozos.

—En ese caso, hay un lugar para ti entre nosotros. Si quieres, tómalo —murmuró Robin, profundamente conmovido.

Desde ese momento, Much fue uno más de la banda.

Queda un tercer personaje por presentar: el bonachón y simpático fray Tuck, incorporado a la partida de Robin poco después de Pequeño Juan y de Much.

Vivía solo en una mísera choza situada en las lindes del bosque de Sherwood, a orillas de un riachuelo, entregado a la contemplación y a la penitencia. Como sucede en tales casos, se alimentaba y vestía austeramente, repartía su amistad entre cuantos ricos y pobres lo visitaban, y siempre daba buenos consejos. Aún desde tan aislado retiro, la influencia de fray Tuck creció rápidamente entre las gentes, y pronto se convirtió en un peligroso escollo para Juan sin Tierra.

El tirano decidió sepultarle en alguno de sus calabozos, como perturbador del orden social, pero los espías de Robin se enteraron del proyecto a tiempo, y pasaron la información a su jefe. En el acto, varios miembros de su banda corrieron a la choza del fraile, e invitaron a éste a unírseles.

El buen Tuck ya estaba al tanto de la situación, y aceptó el ofrecimiento con talante propicio. Al llegar al reducto rebelde, saludó cordialmente a su protector:

—Que Dios os bendiga, amigo Robin.

—Bienvenido, padre Tuck. Estaba inquieto por vos.

—La verdad es que estoy perplejo. No creo haber hecho ningún mal a esos normandos —confesó el fraile.

—Para ellos sí es un mal simpatizar con los oprimidos y con proscritos como nosotros. Os hubiesen matado a pesar de vuestro hábito —explicó Robin.

—Bueno, de todos modos quiero deciros algo. Si me uno a vuestra banda es con el fin de traer la palabra de Dios y la fe cristiana a todos sus miembros.

—Me parece estupendo —aprobó Robin, sonriente—. Creo que os escucharán. Son algo rudos y descuidados los pobres, pero desean volver al buen camino.

—Es todo lo que necesito para ayudarles —afirmó el padre Tuck—. Decidme, ¿habéis leído la Biblia alguna vez?

—No padre, ni tampoco mis hombres, por si lo queréis saber.

—Me lo temía. En fin, tengo el siguiente plan. Atended: fundaré una pequeña capilla donde rendir culto a Dios; celebraré misa todos los domingos y días festivos y, de vez en cuando, leeré pasajes de la Biblia. ¿Que opináis de todo ello?

—Diré lo mismo que antes: me parece estupendo —abrevió Robin, algo impaciente ya por despegársele.

Horas más tarde, la banda en pleno se congregó en el Salón de asambleas para dar una fraternal acogida al nuevo compañero. Algunos desconfiaban de su hábito y gruñían en voz baja, pero en general el ambiente era grato respecto al fraile. Muchos hombres y mujeres allí reunidos ansiaban tener cerca a un ministro de Dios. Robin, por su parte, creía conveniente fomentar la instrucción religiosa de sus hombres, toda vez que la vida un tanto salvaje que llevaban, no contribuía a mantenerlos civilizados. Incluso tenía dificultades últimamente para guardar la necesaria disciplina de grupo. En tales condiciones, el padre Tuck llegaba oportunamente al bosque de Sherwood.

Culminados los agasajos en honor del fraile, éste puso manos a la obra. Examinó varios árboles en primer lugar, y escogió el más corpulento. Tan enorme era su tronco, que veinte hombres asidos por las manos difícilmente hubieran podido abarcarlo. Una extraña particularidad: el citado tronco estaba hueco, como vaciado por un rayo. El padre Tuck pensó entonces que Dios le indi-

66

caba el lugar más idóneo para levantar la capilla, una oquedad resguardada de las inclemencias del tiempo y lo bastante amplia para albergar un altar y demás elementos propios del caso.

Tres días después, los proscritos se despertaron muy sorprendidos al oír el tañido de una campana. ¡Cuánto tiempo había transcurrido desde la última vez! Por supuesto, era domingo y el padre Tuck los llamaba a misa; nadie faltó a la celebración inaugural de la capillita del bosque.

Una breve aunque emotiva plática enriqueció el acto litúrgico. Como final feliz, el oficiante unió en matrimonio a varias parejas, y bautizó a unos cuántos pequeñuelos nacidos en la proscripción. Ello dio lugar a no pocas lágrimas, abrazos y parabienes, ingredientes de una auténtica fiesta comunal, la primera de esas características en el bosque de Sherwood.

Desde ese día, el padre Tuck realizó una vasta labor cultural y evangélica entre los miembros de la banda y sus familias. Instruía a los niños con especial satisfacción, y ellos le correspondían largamente. Tenían que aprender a leer y escribir, a hacer cuentas y guardar una buena higiene corporal. Muy a menudo, los adultos requerían tanta o mayor dedicación porque, salvo casos aislados, sus conocimientos eran muy pobres.

Poco a poco, los modos y costumbres de esos proscritos se fueron suavizando, gracias al afán y buen hacer del padre Tuck. Lejos de contentarse con darles una educación primaria, el fraile quería prepararles para el día en que pudiesen reintegrarse a una vida social normal, desarrollando para ello sus aptitudes naturales y una gama de conocimientos nada despreciable.

A modo de conclusión de este capítulo, digamos que el padre Tuck recurrió a sus modestos saberes de Medicina para librar de la muerte a bastantes miembros de la banda, especialmente en tiempos de guerra abierta contra los adversarios normandos. Con todo, no se agotan aquí los servicios prestados por el fraile a la causa de Robin, pero ya nos ofrecerá el relato oportunidades sobradas de enumerarlos.

CAPÍTULO VII

LA EMBOSCADA

Inmersos de nuevo en el episodio, volvamos junto a la pobre Marian, en marcha ya hacia el castillo de su prometido, Ralph de Bellamy, escoltada por Guy de Gisborne y sus soldados. Se acercaba el crepúsculo, y rojizos resplandores solares inundaban el paisaje dulcemente, embutiéndolo en un halo de nostalgia por el día ya moribundo y la noche todavía lejana.

Al final de una revuelta, la comitiva de Gisborne se encontró frente a frente con Robin Hood y los suyos, que interceptaban el camino. Persuadido de su inferioridad, el normando ordenó un repliegue hacia la ciudad más próxima. Media legua más allá, sin embargo, tropezó nuevamente con la banda de proscritos. La trampa se cerraba sobre él.

Lleno de cólera, hizo girar en redondo a su caballo, y picó espuelas con verdadera saña. El animal, visiblemente dolorido, dio un brinco y partió al galope hacia donde se encontraba Robin Hood. El señor de Gisborne aprovechó la ocasión para, lanza en ristre, intentar sorprender a su enemigo, pero éste guardó la calma y dejó llegar a caballo y jinete.

El traidor sajón, cegado por la rabia, falló inevitablemente el golpe. Le bastó a Robin hacer una rápida finta de cintura para esquivar la lanza adversaria. Arrastrado por la fuerza de su propio impulso, Guy de Gisborne perdió el equilibrio unos metros más allá, y cayó al suelo con caballo, lanza y armadura, envuelto en una nube de polvo. Tan ridículo resultó aquello, que los hombres de Robin estallaron en gruesas carcajadas.

Iracundo hasta el límite, Guy de Gisborne se levantó, blandió su espada, y se abalanzó frenéticamente sobre Robin. Este, completamente sereno, le aguardó a pie firme, tomó la espada que Pequeño Juan le lanzó al vuelo, y se dispuso a combatir.

Entraban en liza dos de los más diestros espadachines de aquella época, aunque la ventaja correspondía notoriamente al señor de Gisborne, por ir bien acorazado y ofrecer escasos puntos débiles a su rival.

También gozaba Robin de ciertas posibilidades. Su falta de armadura le daba, precisamente, una gran facilidad de movimientos, pudiendo, en consecuencia, manejar la espada con notable desenvoltura.

El duelo llegó pronto a su fin. Guy, demasiado furioso para atinar en sus golpes, recibió graves heridas y quedó tendido en el suelo. Robin, apenas señalado por insigni-

ficantes rasguños, pudo haberlo rematado a placer, pero se abstuvo de ello generosamente.

Avergonzados por tal desenlace, los hombres de Gisborne emprendieron la retirada, llevándose al herido sobre unas parihuelas, sin que sus oponentes moviesen un dedo para impedirlo ni ellos reparasen en la joven Marian, personaje principal de su misión.

Cuando en la ciudad se supo lo ocurrido, el furor de los hermanos Reinault sobrepasó todos los límites imaginables... para satisfacción de cuántos humildes habían sido perjudicados por ellos.

Al trabarse Robin y el señor de Gisborne en encarnizado combate, Elizabeth se inclinó de parte del primero, por más que desconociese su identidad. No en vano había pasado el tiempo, y su compañero de infancia y adolescencia ya no era el de antes. Robin, en cambio, sí sabía quién era ella. Por tal motivo, quiso y logró impedir su matrimonio forzoso con el inicuo Ralph de Bellamy.

Cuando la muchacha supo que el jefe de aquella banda era su amigo Robin, quedó paralizada de asombro. Ambos se estrecharon las manos con emoción contenida y, durante algunos instantes, no pudieron hablarse. Al fin, ella tomó la iniciativa:

—No puedo creer aún que tú seas un proscrito, Robin —murmuró, pálida y temblorosa.

—He de serlo forzosamente, Marian. Esos desalmados devastan el país a su antojo, mientras Ricardo Corazón de León sufre un ignominioso cautiverio.

—Gracias por haberme salvado, Robin. Ya me veía en los brazos del tal Bellamy.

—Quise verte hace tiempo, pero el señor de Reinault no me lo permitió.

—He sido su prisionera hasta este momento, y quería casarme con ese canalla para apoderarse de mis bienes. Sospecho incluso que él haya ordenado el asesinato de mi padre.

—No sería de extrañar, porque el mío murió a manos de sus compinches —aclaró Robin.

—Es terrible lo que sucede, Robin, y ahora comprendo mejor tu rebeldía. Si no regresa pronto el rey Ricardo, Inglaterra está perdida —confesó Marian, muy afectada.

—A partir de hoy, vivirás aquí, Marian, y todo será como en los viejos tiempos ¿Recuerdas?

—Sí, Robin. Durante mi reclusión, no hacía otra cosa que evocar nuestros juegos y andanzas. Contigo me siento segura. Es como si nada pudiera pasarme.

Marian se adaptó enseguida a tan peculiar género de vida como el allí imperante. Soportaba las incomodidades estoicamente, y supo ganarse el afecto de todos. En ella advertían los proscritos un porte y distinción genuinos, así como un actitud siempre conciliadora.

La joven se interesó desde el principio por la tarea educativa del padre Tuck, y se propuso ayudarle en todo lo referente al cuidado de la salud general. Era importante evitar el brote de cualquier epidemia y mejorar las condiciones higiénicas de esa comunidad, con el fin de mantener intacto su poder combativo.

Cuando tenía oportunidad, Marian participaba en los juegos del fraile con la chiquillería, enseñándoles muchos pasatiempos de su invención que resultaban tan amenos como instructivos. Asimismo, procuraba inculcar el amor al estudio en los niños, echando mano para ello de su imaginación y facilidad de palabra. Por último, y como plato fuerte, Marian premiaba a todos sus compañeros, reunidos al atardecer en asamblea, con narraciones muy exóticas aprendidas en su infancia de labios de mercaderes, embajadores y aventureros.

Al margen de todo esto, Marian encontraba aún tiempo suficiente para acompañar a Robin en muchas de sus andanzas. Los dos efectuaban largas cabalgadas por el bosque o corrían libremente por los campos vecinos a este, riendo, saltando y gesticulando como niños pequeños. Frecuentemente, se entregaban a los juegos que presidieron su amistad de la infancia, y ello les deparaba dicha infinita, por más que nunca olvidasen las serias responsabilidades que gravitaban sobre sus espaldas. De su prudencia y buen juicio dependía la seguridad de todos los habitantes del bosque, y ambos lo sabían con creces.

CAPÍTULO VIII

EL CAUTIVERIO DE MUCH

Transcurridos algunos meses de serena felicidad, el panorama volvió a ensombrecerse para Robin y los suyos. En efecto, sus espías en Nottingham averiguaron que los Reinault y demás colaboradores preparaban un nuevo ataque conjunto contra ellos.

Robin decidió enviar a Much a la ciudad en busca de mayor información al respecto, pues estimaba que su corta estatura le permitiría pasar inadvertido e introducirse, quizá, en el castillo de sus adversarios.

Much se dirigió a la ciudad vestido de criado y con modales desenvueltos. De esta guisa entró en el castillo del señor Robert de Reinault por la puerta de servicio, tras afirmar que era sobrino de uno de los cocineros. La estratagema resultó, pues nadie sospechó lo más mínimo, y logró alcanzar las cocinas señoriales con toda sencillez.

Quiso la fortuna que su presunto «tío» estuviese ausente

del castillo por unos días, por haber ido de compras a una feria cercana, y así Much pudo vagar a sus anchas de un lado para otro, con las orejas bien aguzadas a la caza de noticias interesantes para Robin. En el peor de los casos, no se descubriría su impostura hasta el regreso del tal cocinero.

Much trabó conversación fácilmente con los servidores del castillo, pero no pudo sacar nada en limpio. A poco, entró el maestresala en la cocina, y preguntó quién era él.

—Es el sobrino de Pierre. Ha venido a verle, y espera su regreso junto a nosotros —contestó uno de los presentes.

—Entendido. Dime, muchacho, ¿te gusta trabajar? —interrogó de nuevo el maestresala.

—Según y cómo. ¿Es que me necesitáis?

—Así es. Los señores han empezado a comer y a beber. Podrías ayudarnos llevando la vajilla.

—Muy bien, os complaceré. Todo antes que estar de brazos cruzados —aceptó Much, que veía el cielo abierto para enterarse de cuanto ambicionaba saber.

Cargado con elementos de la vajilla, Much entró en la sala donde se reunían los hermanos Reinault, el señor Guy de Gisborne, repuesto ya de sus heridas, y el señor Ralph de Bellamy, frustrado pretendiente de Marian. Mientras colocaba platos, copas y cubiertos sobre la gran mesa central, pudo escuchar fragmentos de conversación:

—Puedo contribuir con un centenar de hombres —dijo el señor de Bellamy.

—Y yo con ochenta —refrendó Robert de Reinault.

Much tuvo que salir para traer más platos, aunque procuró estar de vuelta lo antes posible. La charla se tornaba interesante, y él no podía perdérsela.

—Hay que preparar la incursión con todo detalle. Robin Hood no puede burlarse otra vez de nosotros —afirmó Guy de Gisborne.

—No digáis «nosotros» porque fue a vos a quien venció. ¿Os acordáis? —medió irónicamente Ralph de Bellamy.

—Vuestra actitud no es amigable, caballero —reaccionó el de Gisborne, tenso de voz y de gesto.

—¡Un poco de cordura, señores! —rogó Hugo de Reinault.

Otra salida dejó a Much con la miel en los labios. Aquello era, afectivamente, un plan de ataque en toda regla. Cuando retornó a la sala, Hugo de Reinault exponía meticulosamente la táctica a seguir para invadir el bosque de Sherwood sin contratiempos:

—Dividiremos Sherwood en varias zonas. Cada una será batida por un grupo de hombres siempre dispuestos al mutuo apoyo, que avanzarán en apretadas filas. De esta manera, todos convergeremos al mismo tiempo sobre el corazón del bosque, donde Robin Hood tiene su reducto.

—¿Qué día juzgáis propicio para el ataque? —le preguntó su hermano Robert.

En el momento de ir a responder, Hugo vio de cerca el rostro de Much, que pretendía servirle vino en una copa de oro, y tuvo la impresión de haberlo visto antes, en otra parte. Su memoria empezó a escarbar en el pasado, y pronto dio con la solución.

«Sí, fue durante un asalto de Robin y su banda. Dos hombres llamaron mi atención: uno de ellos era un gigante, y el otro casi un enano. Caminaban siempre juntos, y ofrecían un divertido contraste. Se burlaron de mí más que los otros, y parecían ser los preferidos de Robin, pues daban órdenes a diestro y siniestro. Este falso criado es el pequeño, no me cabe duda» —pensó Hugo, mientras esbozaba una tenue sonrisa.

Recordaba bien aquel momento de humillación, durante el cual se había jurado a sí mismo fijar en su mente todas las caras y distintivos de sus enemigos. Ahora, por fin, aquella determinación, en alianza con su buena retentiva, daba los primeros frutos.

Por el momento, Hugo no quiso descubrir al farsante. Eso sí, llamó a dos hombres armados que custodiaban la entrada principal de la sala, y les cuchicheó algunas palabras al oído, todo ello mientras Much estaba en la cocina. Después, se limitó a observar sus movimientos con aire socarrón, un tanto descolgado de la conversación.

Much acabó por llevar a la sala una bandeja repleta de exquisitas frutas de temporada. Hugo dejó que se le acercase y depositara a su lado dicha bandeja. Luego, con la mayor naturalidad posible, le hizo una seña para que se retirara.

Much, creyendo saber lo suficiente, evitó entrar en la cocina, y se encaminó directamente hacia la salida de servicio del castillo.

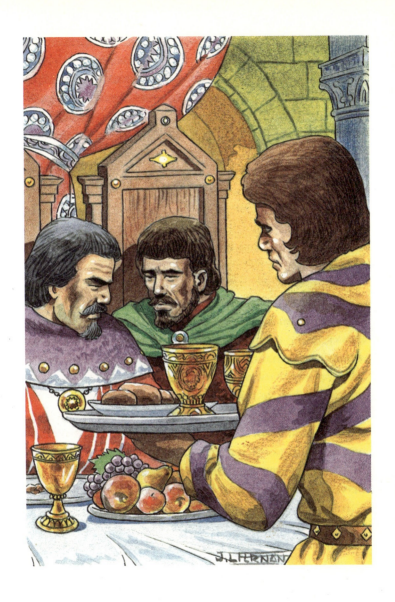

Al cruzar su umbral, los dos guardias cayeron sobre él, golpeándole con violencia. Sus forcejeos resultaron inútiles, y le atrajeron un mayor castigo físico. Finalmente, atado a conciencia, fue conducido a la sala donde aguardaban los invitados y, en presencia de éstos, recibió una soberana paliza, conforme a las órdenes de Hugo de Reinault.

—¡Lamentarás haber entrado en este castillo, enano proscrito! —exclamó Guy de Gisborne.

—¿Conque espía de Robin, eh? ¡Bien, bien, pequeñín! —se jactó Robert de Reinault.

—Te gustarán las mazmorras de mi hermano. Son muy acogedoras —se burló Hugo.

—¿Qué dirá ahora Robin Hood? Se ve que le preocupan nuestros proyectos —preguntó Ralph de Bellamy.

Much, inconsciente, fue conducido como un fardo a los sótanos del castillo, donde un carcelero cojo y medio ciego se hizo cargo de él.

—¡Aquí te traemos a un enanito de los bosques! —dijo uno de los esbirros que llevaban a Much.

—¿Más trabajo aún? Jamás podré vivir tranquilo —se quejó el anciano carcelero, mientras echaba mano de su manojo de llaves.

—No te quejes, abuelo. Otros tienen doble trajín.

—¡Está bien, está bien, podéis marcharos! Ya sabrá éste cómo las gasto...

Much, aún sin conocimiento, fue arrojado por el carcelero al interior de una celda particularmente oscura y húmeda. Tras echar una doble vuelta de llave, el viejo se alejó canturreando. Much tardó en recobrarse de la paliza. Al principio, todo parecía girar en su cabeza. Después, cuando recordó lo sucedido, trató de incorporarse, empresa que le resultó muy ardua. Una vez en pie, echó un vistazo a su alrededor, pero la oscuridad eran tan cerrada que sólo pudo adivinar dónde se hallaba.

Horas más tarde, advirtió que un débil rayo de luz se filtraba por un ventanuco situado en lo alto de la pared, cerca de la puerta de entrada. Debía de estar amaneciendo.

La semipenumbra le permitió comprobar que no había en la celda un mal catre ni tampoco un jergón. Tuvo, pues, que descansar sobre el suelo mojado, acompañado por inmundos bichejos que pululaban en él.

De pronto, creyó percibir un leve ruido a sus espaldas. Giró rápidamente y, tras mucho forzar la vista, acertó a distinguir un bulto incrustado en el rincón más lejano. Mirándolo más atentamente, dedujo que aquello era un ser humano sentado, con dos ojos brillantes a modo de faros sobre un rostro cadavérico.

—¿Quién sois, compañero? —preguntó Much, vivamente impresionado.

—Nada importa ya eso. Pero te diré algo más doloroso: de este lugar no se sale vivo. Cuanto antes te hagas a la idea, mejor —contestó el extraño personaje, con voz opaca y solemne.

—Veo que lleváis aquí bastante tiempo —dijo Much, sobrecogido de espanto.

—Más del que supones, amigo. Y es un alivio perder la conciencia de su transcurso.

—No os entiendo. A mí eso me horrorizaría —confesó Much.

—Paciencia, ya me entenderás... si es que el verdugo te da ocasión —murmuró siniestramente el otro.

Much se encogió al oír la última frase. El verdugo... ¿Cómo no le habían ejecutado ya? De súbito, comprendió la razón: querían sonsacarle. Sería muy útil para ellos, en efecto, conocer el lugar exacto por donde poder atacar a la banda de Robin por sorpresa y sin riesgo, el momento más idóneo para tal acción y las costumbres de los proscritos.

Le esperaba un durísimo tormento, pero decidió guardar fidelidad a sus compañeros hasta la muerte. No conseguirían hacerle hablar, fuesen cuales fuesen los métodos empleados y la intensidad del suplicio.

Tal pensamiento, machaconamente repetido, acabó por tranquilizarle. Volviéndose otra vez hacia el desconocido, buscó consuelo en el diálogo.

—Insisto en que me digas quién eres. Te aseguro que puedes confiar en mí, pues soy otra víctima más de los hermanos Reinault.

—De acuerdo, te contaré mi desdichada historia, para así terminar antes. Soy Ricardo at Lea y un día quise viajar a Tierra Santa para informar al rey Ricardo de lo que sucedía en Inglaterra. Como no tenía caudales, pedí un préstamo a Hugo de Reinault, por entonces amigo mío. Él me lo concedió, tras aceptar como garantía de su pago mi castillo y mis tierras. Embarqué finalmente rumbo a Palestina. En el barco, sin embargo, había hombres pagados por Hugo, que provocaron un incendio. Naufragamos, y ellos me trajeron de vuelta a Nottingham. Parecía un mendigo, y sólo el anillo que llevaba permitía mi identificación. Entregado a Hugo de Reinault, éste fingió no conocerme. Es más, me acusó de ser un impostor, y ordenó mi detención. Encolerizado por su actitud, le enseñé mi anillo y, al ver que no me hacía caso, reaccioné violentamente, profiriendo gritos y amenazas.

»No contento con apresarme, preparó una farsa de juicio. Ante un juez corrupto, presentó como testigos a su hermano Robert y a Guy de Gisborne, quienes juraron solemnemente que yo era un ladrón, pues sabían a ciencia cierta que el verdadero Ricardo at Lea había muerto en un naufragio y, por tanto, el anillo por mí exhibido tenía que ser robado.

»De nada valieron mis enérgicas protestas y mis promesas de castigar a su debido tiempo a los perjuros. Primero sufrí prisión en el castillo de Hugo de Reinault, y después me trajeron encadenado a esta celda, donde aguardo la muerte con ansia. Sólo vejaciones y sufrimientos puedo esperar ya en este mundo, y lo único que siento de verdad es la ignorancia en que me hallo respecto a la suerte de mi hijita Marian, que si vive debe ser ya toda una señorita.

Durante un buen rato, se hizo un profundo silencio en la celda. Cada cual se abismó en sus propios pensamientos.

El nombre de Marian sugería a Much la solución del misterio, pues así se llamaba la joven a quien salvó Robin Hood. El prisionero no podía ser otro que su padre. Tragando saliva, Much anunció:

—Recobra la esperanza, compañero, porque tu hija vive y está protegida por Robin Hood.

—¿Robin? El hijo de mi mejor amigo tenía ese nombre, pero seguramente habrá muerto o se estará pudriendo entre estos muros —aseveró Ricardo at Lea.

—No, compañero. Los dos hablamos de la misma persona, y yo te digo que él es ahora el más peligroso enemigo del príncipe Juan y de todos su barones —insistió Much, envanecido y alegre.

—¡Cómo lo celebro! —exclamó Ricardo, bruscamente animado.

Much le explicó todo lo ocurrido en Inglaterra durante su cautiverio, le tranquilizó respecto a Marian, y le prometió que Robin y sus hombres harían lo imposible por liberarlos.

CAPÍTULO IX

LA LIBERACIÓN

Todo los habitantes del castillo se enteraron al momento de la captura de Much, y todos, menos uno, se alegraron de ello. Por supuesto, no incluimos en esta mención a los prisioneros que abarrotaban sus calabozos, simpatizantes los más de la causa de Robin.

La excepción apuntada más arriba se refiere a un criado muy discreto, quien, amén de ser cuñado de uno de los proscritos de Sherwood, apoyaba en su fuero interno la rebelión de nuestro héroe, Robin Hood. Dicho criado se las arregló para hacer llegar a Robin la noticia de lo sucedido, con alusiones expresas al peligro que corría la vida de su lugarteniente.

Alarmado por tan duro revés, Robín se propuso adoptar medidas radicales. Tenía que hacer lo imposible por salvar a su valiente amigo y compañero. Con tal objeto, reunió a todos los miembros de su banda, y les informó de la crítica situación planteada, así como de su propósito de liberar a Much. Por último, afirmó:

—Seguramente querrán hacerle hablar a fuerza de tormentos, de modo que hay que actuar enseguida. La resistencia humana al dolor tiene un límite.

—¡Todos te apoyamos, Robin! —gritaron sus hombres, al unísono.

—Pues entonces vamos a buscar la forma de atacar el castillo de ese Reinault con las mayores garantías de éxito —sugirió Robin.

Durante muchas horas se intercambiaron puntos de vista y se estudiaron los distintos planes de ataque presentados.

Todos contenían serios errores e imprecisiones, por lo cual fueron rechazados. Finalmente, pidió la palabra un hombre muy tímido:

—Quisiera proponerte algo, Robin.

—Habla, amigo. Te escucharemos con gran interés —respondió el cabecilla, deseoso de hallar cuanto antes la solución más apropiada.

—Muy bien —replicó el otro—. Para empezar, diré que conozco el castillo palmo a palmo, ya que trabajé en su construcción hace cuarenta años como albañil y cerrajero. Su dueño era entonces el duque de Norfolk, un hombre muy aficionado a los pasadizos secretos. Él me encargó que abriese uno desde los sótanos del castillo, a través del canal, hasta las proximidades de una casa situada media legua más allá. Otro obrero, el duque y yo éramos los únicos en conocer su existencia. De los tres, sólo yo sigo vivo, de modo que el secreto me pertenece por entero. Creo que ese pasadizo puede sernos útil.

—Descríbelo con todo detalle —solicitó Robin, viendo que los rostros en torno a él se animaban.

—Su acceso desde los sótanos del castillo da al corredor de las celdas de los prisioneros, lo que favorece en gran medida nuestra incursión. Como ya dije antes, el pasaje cruza el foso por debajo, se dirige a las afueras, y desemboca cerca de una casa en ruinas, cuyo lugar lo ocupa ahora un molino. Sus dueños no están al tanto de ello, y dudo que obstaculicen nuestros planes. A lo largo del pasadizo hay varias puertas que separan un tramo de otro, y es preciso tener una llave que las abra todas. Esto último corre de mi cuenta, pues no en vano he sido el mejor cerrajero de la comarca durante muchos años.

—Me parece un proyecto inmejorable —dijo Robin, entusiasmado—. Gracias, amigo, en nombre de Much y de todos nosotros. Sin tus valiosas indicaciones, hubiese sido muy difícil seguir adelante.

—Para evitar riesgos inútiles, sugiero que los molineros sean alejados de su casa un poco antes de nuestra incursión —medió el padre Tuck.

—Me los llevaré a la taberna más cercano, y asunto concluido —contestó Pequeño Juan.

Una vez adoptado el plan, sólo quedaba estudiar minuciosamente sus más leves incidencias. A última hora, se acordó que Pequeño Juan acompañaría a Robin y al cerrajero, junto con otros cinco hombres, en la azarosa expedición. Era previsible que una densa niebla ocultase la luna aquella noche, circunstancia muy favorable para el éxito de la misma. Marian también contribuyó al esfuerzo común con su buen juicio y probada sagacidad. Por lo pronto, cuidó aspectos olvidados de la misión, tales como el uso de angarillas para transportar a los prisioneros incapacitados por cualquier motivo.

Al caer la noche, Robin y sus hombres se llegaron a las inmediaciones del referido molino. Mientras alguien alejaba a los molineros según lo convenido, Robin penetró en el misterioso pasadizo, seguido por media docena de incondicionales, con el cerrajero al frente de todos ellos. Este último había fabricado una serie de llaves maestras capaces de abrir las puertas más recalcitrantes.

Cada cual avanzaba provisto de una antorcha. A la luz incierta y móvil de aquellas, la comitiva semejaba una procesión de fantasmas. Durante media hora interminable, los proscritos caminaron en silencio, deteniéndose únicamente ante las sucesivas puertas del pasaje, que eran prontamente entornadas por el cerrajero. El último tramo se reveló falto de aire y muy angosto; las antorchas vacilaron y, por un momento, todos temieron quedarse a oscuras.

Al fin, una puerta de hierro más voluminosa que las anteriores, les cerró el paso. Parecía no haber sido abierta en muchísimo tiempo. Robin se llevó un dedo a los labios, e indicó al cerrajero que ya podía actuar. Este manipuló con cautela la mohosa cerradura y, a poco, la puerta giró silenciosamente sobre sus goznes. El acceso a los sótanos del castillo quedaba expedito.

Con el mayor sigilo, espada en mano, Robin penetró en un cuartucho donde el carcelero, tumbado sobre un jergón, roncaba tranquilamente. A una señal de nuestro héroe, dos hombres cayeron sobre el durmiente, quien, antes de poder reaccionar, se encontró atado y amordazado. Todo sucedió de manera tan discreta y rápida, que ninguno de los centinelas apostados en los alrededores se percató del peligro.

Robin despojó al carcelero de un nutrido manojo de llaves y, distribuyéndolas entre sus compañeros, dio orden de abrir las celdas cuanto antes. El probó la suya en algunas cerraduras, sin suerte. Por último, una de ellas cedió. Tras dudar un instante, empujó la puerta y, al dudoso resplandor de su antorcha, distinguió una escuálida figura tirada en un rincón: se trataba del pobre Much, apenas ya un despojo humano quebrantado por su tenebrosa reclusión.

Al percibir el ruido de sus pasos, Much se estremeció instintivamente, creyendo tal vez que los soldados venían a por él, mientras, deslumbrado por la ridícula antorcha, cerraba los ojos con angustia. Robin le contempló durante unos momentos, embargado por una infinita piedad. Al fin, un rapto de pena y coraje le hizo exclamar:

—¡Much, querido amigo!

—¿Eh...? ¿Quién...?

Tardó Much en reconocer a su jefe. No pudiendo valerse por sí mismo, hubo de ser sacado de allí en hombros. Pero, antes de abandonar la celda, tuvo fuerzas para decir a Robin:

—Socorre a mi compañero de cautiverio. Es un viejo conocido tuyo, y te alegrarás de poder salvarle.

Acto seguido, se desvaneció. Conmovido por el sufrimiento plasmado en su rostro, Robin se apresuró a complacerle:

—Sacad a ese anciano de la celda —ordenó a dos de sus hombres.

Como en el caso de Much, debieron de alzarlo en vilo, pues no podía moverse.

Todos los prisioneros recobraron su libertad en cuestión de minutos. Algunos eran capaces de andar, pero los más ocuparon las previstas angarillas o se arrastraron como espectros pasadizo adelante. Tal fue el sigilo de nuestros amigos, que ningún morador del castillo se apercibió de lo ocurrido en los sótanos. La puerta de acceso al pasaje quedó como antes, y todo rastro de la visita fue definitivamente borrado.

A la mañana siguiente, los soldados del corregidor liberaron al carcelero de sus incómodas ligaduras. Este no pudo aclarar cómo habían huido los presos ni quién fue su agresor o agresores; asimismo, tampoco logró dar razón de la ruta de escape seguida por unos y otros.

Muchas personas que vivían dentro y fuera del castillo afrontaron un serio interrogatorio, pero resultó que nadie había visto nada, incluidos los molineros.

Queda por reseñar que Robin, sus hombres y los antiguos prisioneros llegaron sin tropiezos al campamento rebelde. Marian y varios ayudantes esperaban a los cautivos más necesitados de asistencia para dispensarles sus

desvelos. Algunos rozaban ya las fronteras de la muerte, tras años de incesantes torturas y calamidades, pero reaccionaron favorablemente bajo los nuevos aires de libertad.

Tan pronto recuperó sus fuerzas, Much contó los diversos lances de su aventura y reveló la identidad de su anciano compañero de celda. Robin, sorprendido y feliz por haber salvado al padre de Marian, se dio a conocer a él y le puso al tanto de su causa.

Huelga decir cuán emocionante fue el encuentro entre padre e hija después de su cruel separación. Ella, al principio, no podía creer que aquel esqueleto recubierto por una escueta piel fuese su padre.

—¡Cómo debes de haber padecido en esas mazmorras! —dijo Marian, mirándole compasivamente.

—Es verdad, hija mía, pero el cielo me dio fuerzas para sobrevivir. Quería volver a verte a todo trance, aunque sólo fuese para darte mi abrazo de despedida —confesó el anciano, con lágrimas en los ojos.

—Ya no te apartarás nunca de mi lado. Yo te cuidaré, y pronto recobrarás la salud —prometió la joven.

Efectivamente, algunos meses después Ricardo at Lea se había restablecido. Tuvo que influir en su curación el hecho de ver a Marian tan lozana y contenta en compañía de Robin Hood, el hijo de su amigo Edward Fitzwalter, convertido ahora en paladín de los débiles y en adversario a ultranza del príncipe Juan.

CAPÍTULO X

EL RAPTO DE ELISABETH

Aunque faltasen pruebas al respecto, los hermanos Reinault sabían de sobra quién era el responsable del asalto a las mazmorras del castillo. Nadie, salvo Robin Hood, podía exhibir semejante audacia y precisión en el golpe. Ni que decir tiene que el plan de ataque al bosque de Sherwood fue inmediatamente arrinconado. Much habría informado del mismo a Robin y, sin el factor sorpresa, toda tentativa contra él estaba condenada al fracaso de antemano. Pero si bien era impensable una acción de este estilo, podía idearse otra alternativa. Eso, al menos, sugirió Hugo de Reinault, en plena reunión de barones y deudos:

—Todos sabemos que Marian at Lea está con Robin. Son amigos casi desde la cuna, y quizá lleguen a casarse algún día —dijo el astuto hermano del corregidor.

—No pienso permitir tal cosa —intervino Ralph de Bellamy—. Según lo acordado, Elizabeth debe ser mi esposa.

—Vamos ahora al asunto de Robin —le cortó secamente Hugo—. Si no conseguimos destruirle, tarde o temprano tendremos que abandonar Inglaterra.

—¿Y qué tiene que ver Marian con esto? —inquirió Robert de Reinault.

—Imaginemos que raptamos a Marian. Sería un revés muy duro para Robin, tan duro, que acudiría a liberarla sin vacilar, saliendo fatalmente de su medio natural, el bosque. Conociendo sus intenciones, sólo nos restaría montar cuidadosamente la trampa, y esperar luego a que cayese en ella.

—¿Has pensado ya en algo? —le espoleó su hermano Robert.

—Naturalmente. Un poco de atención, señores —pidió Hugo, viendo que Gisborne cuchicheaba al oído de Bellamy—. Encerraríamos a Marian en este castillo, y dejaríamos que Robin lo asaltase de nuevo. Uniendo todas nuestras fuerzas a las del príncipe Juan, acabaríamos por vencerle. Somos más numerosos y contaríamos esta vez con todas las bazas esenciales.

—Pero, ¿cómo raptaremos a Marian? Robin la custodia muy bien —objetó Guy de Gisborne.

—Mi hermano Robert tiene la palabra al respecto —dijo Hugo, displicente.

—Dos de mis esbirros a sueldo se encargarán de ello. Son aldeanos, y podrían simpatizar con Robin Hood de no gustarles tanto el oro. A cambio de una buena suma,

están dispuestos a fingir delante de él que quieren unirse a su partida por haber recibido malos tratos de nuestra parte. Transcurrido algún tiempo, y cuando se hayan ganado la confianza general, aprovecharán cualquier descuido de Marian para reducirla y traerla de inmediato a este castillo. Todo muy sencillo, como veis —explicó el corregidor, sonriente.

Al no mediar nuevas alegaciones, el plan fue aprobado por unanimidad. Poco tiempo después, los dos aldeanos a sueldo de Robert partían hacia el bosque de Sherwood. Por vez primera durante su proscripción, Robin Hood se veía amenazado, sin saberlo, por la negra sombra de la traición.

Aquella mañana, John Mansfield alcanzó el lindero del bosque en compañía de otros dos rebeldes, durante una de sus habituales misiones de vigilancia. No sin sorpresa, topó con dos hombres que yacían en el suelo privados del sentido. Les reanimó con agua fría, y después hizo las obligadas preguntas:

—¿Qué os ha ocurrido? ¿quienes sois?

—Somos vasallos del corregidor de Nottingham. Como simpatizábamos con la causa de Robin Hood, algún mal nacido nos delató —dijo el que se llamaba Arthur.

—Lo negamos todo por miedo al castigo, pero de nada nos sirvió —añadió Seren, su compinche.

—¿Qué os hizo ese Reinault? —preguntó Pequeño Juan, en ascuas.

—Lo que hace siempre con pobres hombres como nosotros: azotarnos y encerrarnos luego en una de sus mazmorras. Por fortuna, hay amigos de Robin por todas partes, y pudimos huir —explicó el mismo Seren.

—Veníamos al encuentro de Robin, pero nos extraviamos. ¡Menos mal que has dado con nosotros, amigo! —celebró el tal Arthur.

Conducidos a presencia de Robin, se ratificaron en su historia y pidieron luego ser admitidos en su banda. Robin, que no advirtió en ellos nada sospechoso, respetó su costumbre y les dijo:

—Seréis de los míos, pero antes prestaréis la promesa ritual. Durante un mes se os vigilará en todo momento. Si vuestra conducta no es satisfactoria, perderéis el derecho que ahora os concedo, y seréis expulsados del bosque según nuestras leyes. ¿Entendido?

—Gracias, Robin. Intentaremos ser dignos de ti —dijo Seren, con aparente fervor.

—Confío en que no te defraudaremos —ratificó el otro.

Los recién llegados observaron, en efecto, un comportamiento intachable y, al cabo de un mes, eran considerados ya dos elementos de tantos en la banda. Hasta el padre Tuck les elogió en presencia de Robin, ganado por sus virtudes. Sin embargo, como ya nuestros lectores sospechan, ambos interpretaban un papel cuidadosamente aprendido, y estaban allí para apoderarse de Marian a la menor oportunidad.

Cierto día, el padre Tuck recibió la llamada de un moribundo que vivía en una aldea cercana. No habiendo peligro a la vista, Robin consintió que Marian le acompañase, dado que ella quería ayudar al fraile en lo que fuera menester.

El anciano agonizante recibió con unción los últimos sacramentos, mientras la joven consolaba a sus familiares como mejor podía. Consumado el fatal desenlace, ella y el fraile emprendieron el regreso a Sherwood, no sin colmar de promesas a los humildes habitantes de la aldea.

Al entrar en el bosque, los viajeros fueron vilmente atacados por Arthur y Seren, quienes, convenientemente apostados a la vera del camino, les molieron a golpes hasta dejarlos inconscientes. El religioso quedó abandonado allí mismo, y la pobre Marian sufrió el rapto tan alevosamente dispuesto por los enemigos de Robin. No despertaría hasta bien entrada la noche, ya bajo la férrea tutela de Robert de Reinault, corregidor de Nottingham.

Horas después del cobarde asalto, John Mansfield halló al desconsolado padre Tuck, y éste contó lo sucedido. Ninguna palabra podría expresar la indignación y pena sentidas por Robin y el padre de Marian al enterarse de los hechos.

—¡Mi pequeña Marian! ¿Qué será de ti entre las garras de esos buitres? —se lamentaba Ricardo at Lea.

—Anímese, buen amigo. Su hija recobrará la libertad enseguida —lo prometió Robin.

—¡Dios te oiga, hijo! ¡Temo tanto por ella!

—A buen seguro, la tienen recluida en el castillo del corregidor, de modo que actuaremos igual que cuando os salvamos a vos y a los demás. Tenemos el éxito asegurado.

—Rezaré para que tu vaticinio se cumpla —repuso el angustiado caballero.

Rápidamente, dieron comienzo los preparativos para una segunda incursión en el castillo del corregidor. Por supuesto, Robin ignoraba que, en esta ocasión, las cosas se le podrían mucho más difíciles.

CAPÍTULO XI

EL CABALLERO NEGRO

Estaban ya casi ultimados los detalles de la acción, cuando un centinela alertó a Robin de la proximidad de un jinete solitario. Se internaba en el bosque audazmente, sin prevenciones de ningún tipo, directamente hacia el campamento de los proscritos.

Robin le vio aparecer minutos después, y un gesto admirativo se adueñó de su rostro. Montaba el desconocido un corcel negro y ceñía una armadura de idéntico color, ocultas sus facciones bajo una amplia visera.

Nuestro héroe asió por las bridas el caballo intruso, frenándole en seco. Entonces, el desconocido habló:

—¿Cómo te atreves a entorpecer mi marcha? ¿Acaso eres alguien importante?

Robin tardó en reaccionar, impresionado por el tono orgulloso y severo de aquel hombre. Sin embargo, ocupó el lugar que le correspondía en tal circunstancia:

—Soy el rey de este bosque, y nadie puede entrar en él sin mi autorización, a menos que el intruso sea el mismísimo Ricardo Corazón de León. ¿Comprendéis ahora por qué os detengo de esta manera? —le espetó Robin.

—No del todo. Jamás he oído hablar del rey de Sherwood —afirmó el desconocido, ya un poco más comedido.

—Yo y mis hombres llevamos aquí pocos años. Quizá sea esa la razón de vuestra ignorancia. Pero decidme: ¿cómo osáis avanzar tan despreocupadamente por estos parajes, en vez de pedir hospitalidad en el castillo más próximo? ¿Es que no teméis los peligros del camino?

—Tú debes ser Robin Hood, el jefe de la banda de proscritos que por aquí merodea —musitó el caballero, sin atender sus preguntas.

—Así es. No habéis oído hablar del rey de Sherwood, pero sí de Robin Hood. Extraño dislate, en verdad —comentó nuestro héroe, en tono jocoso.

—Cuestión de sobrenombres, al parecer. Te diré —repuso el jinete, confidencial— que tenía ganas de encontraros a todos vosotros. Por lo visto, os sobran razones para combatir a los normandos. ¿Me equivoco?

—Extrañas palabras estas en un caballero que lleva las armas de los normandos. Aún no sé si me las veo con un amigo o con un adversario —dijo Robin, tan franco como siempre.

—Considérame amigo por el momento, aunque sea normando.

—De acuerdo. Me arriesgaré —concedió Robin—.

—Escúchame ahora con atención —pidió el caballero negro—. Quiero conocer los motivos por los que tú y tus hombres lucháis contra Juan sin Tierra. Si me das razones justificadas, defenderé vuestra causa incondicionalmente. Si, por el contrario, éstas no me convencen, será para mí inexcusable el empeño de exterminaros a ti y a tu banda.

—Celebro vuestra sinceridad. Ello indica nobleza de carácter. Pero tened la bondad de acomodaros en mi choza. Allí os explicaré todo lo que deseáis saber. Presiento que, después de escucharme, apoyaréis mi causa con vehemencia —auguró Robin, mientras hacía ademán de ayudarle a desmontar.

El caballero asintió con la cabeza, puso pie a tierra, y se dejó conducir al refugio de su interlocutor.

Robin le ofreció comida y bebida en abundancia, haciendo gala el visitante de gran comedimiento y refinados modales gastronómicos. Nada se le pasó por alto al cabecilla rebelde, que, entretanto, refería su larga historia minuciosamente, sin exceptuar el rapto de Marian, recién acontecido.

El desconocido le escuchó con el máximo interés, y luego pidió un plazo de dos horas para meditar su decisión final. A continuación, se levantó de la mesa, caminó un buen trecho hacia la espesura y, por último, se tendió sobre la tupida hojarasca acumulada al pie de un árbol muy frondoso, no sin cubrirse con una manta.

Todos los miembros de la banda, Robin incluido, aguardaron con inusitada expectación el parecer del forastero.

Su actitud y sus palabras les atraían poderosamente, ya que evidenciaban una rectitud y un sentido de la justicia nada comunes. Era lógico, pues, que deseasen contar con la ayuda de quien alguien había dado en llamar «el caballero negro».

Regresó el forastero cuando ya el sol se hundía tras los árboles más altos. Con sereno talante, dijo a Robin:

—Me parece razonable vuestro proceder y juzgo que os asiste la verdad. A veces os habéis extralimitado en la lucha, pero eso se debe a las difíciles pruebas que afrontáis continuamente. Una vida como la vuestra, aquí, en este bosque apartado, requiere mucho valor y presencia de ánimo, además de una firme creencia en la justicia. Así pues, desde este momento soy de los tuyos, Robin, y quedo a tus órdenes hasta lograr la victoria definitiva sobre el príncipe Juan y sus partidarios.

—Todos nos sentimos muy honrados de poder contar con vos. Puesto que no hacéis mención de vuestro nombre, os llamaremos el caballero negro, como ya se dice por aquí. Os confiaré el mando de algunos hombres y espero ejecutéis el plan que enseguida vais a conocer —contestó Robin—. Ahora, propongo que todos aclaméis a nuestro nuevo compañero: ¡Viva el caballero negro! —añadió, volviéndose hacia sus hombres.

—¡Viva el caballero negro! —gritaron a coro los presentes.

—Gracias de todo corazón —respondió el desconocido, visiblemente emocionado.

Una vez extinguidos los vítores, Robin llamó aparte a

Much, Pequeño Juan y el propio caballero negro, con el fin de señalar el cometido de cada cual en la empresa por comenzar, e informar al recién llegado de todo lo referente a la misma.

A grandes rasgos, el plan consistía en lo siguiente:

Robin y los demás miembros de la expedición alcanzarían los sótanos del castillo mediante idénticos procedimientos que la vez anterior. Vestirían indumentarias holgadas que permitiesen una total libertad de movimientos, y esgrimirían únicamente armas blancas y cortas. Tras deshacerse discretamente de los carceleros, ganarían los pisos superiores para llegar a la estancia donde se suponía encerrada a Marian. Dado que dicha habitación era contigua a la escalera que ascendía desde los sótanos, cabía la posibilidad de rescatar a la joven limpiamente, sin enfrentarse con los guardias armados o el personal de servicio. Naturalmente se requería mucha suerte para lograr esto último, pero, en todo caso, Marian debía ser liberada. Much se encargaría de acompañarla hasta los sótanos e introducirla en el pasadizo secreto sana y salva. Ya junto al molino, ambos emprenderían la cabalgada final hasta Sherwood.

Mientras tanto, Robin, en el interior del castillo, procuraría alcanzar el cuarto de guardia, donde estaban las palancas que permitían accionar el puente levadizo. De conseguirlo, bajaría dicho puente para facilitar la invasión del castillo por parte de Pequeño Juan, el caballero negro y los restantes elementos de la banda, todos ellos montados, bien armados y protegidos por invulnerables corazas. Con la sorpresa y el desconcierto de los adversarios, la incursión podría prosperar.

Era perentorio que los grupos encabezados por Robin de un lado, y Pequeño Juan y el caballero negro de otro, tomasen contacto lo antes posible. De esta manera, los mercenarios a sueldo de Bellamy, Gisborne y los Reinault, poca resistencia sabrían oponer, y la toma del castillo sería un hecho. Antes de abandonarlo, era menester prenderle fuego, para así evitar su posterior utilización.

Llegó la medianoche sin que hubiese trazas de luna. Robin, Much y los demás entraron en el pasadizo secreto al tiempo que los dueños del molino sesteaban en la taberna. Alcanzaron los sótanos del castillo sin el menor incidente. Como de costumbre, el carcelero dormía a pierna suelta.

Robin y el cerrajero se aproximaron a él de puntillas, dispuestos a inmovilizarlo. De súbito, un ruido lejano le despertó. Tras echar una ojeada en torno, pudo gritar furiosamente. Cuando la mordaza apretó su boca, ya era demasiado tarde, pues en el castillo cundía la alarma.

Profiriendo denuestos, Robin y los suyos se precipitaron escaleras arriba; momentos después, llegaban al corredor superior. Tres hombres de la guardia salieron a su encuentro, pero fueron inmediatamente reducidos. Aunque más bien apagado, el ruido de la lucha sobresaltó a Guy de Gisborne, que se hallaba en una habitación cercana. Al percatarse de lo sucedido, corrió hacia la estancia ocupada por Marian, y cerró la puerta tras de sí. Robin y los otros, sorprendidos por su reacción, no

acertaron a cortarle el paso. Las cosas empezaban a complicarse.

Por orden de Robin, dos hombres se quedaron custodiando la salida de dicha habitación, para evitar que por allí huyese Guy. A su vez, Much y tres compañeros más pasaron a una sala contigua, abrieron la ventana y salieron por ella a un resalte exterior de la fachada. Luego, se arrastraron a lo largo de una cornisa, en dirección a una ventana de los aposentos de Marian.

Robin, al frente de un nutrido grupo, se dirigía entretanto al cuarto de guardia, situado en el extremo opuesto del castillo. No hubo tropiezos por el camino, y los asaltantes cayeron como un tornado sobre los desprevenidos guardias, quienes, en simples instantes, se vieron atados y amordazados.

Los rebeldes se aplicaron acto seguido a la tarea de bajar el puente levadizo, pero fueron pronto distraídos por la irrupción de veinte soldados armados hasta los dientes. La lucha resultó tan feroz como breve. Nuestros amigos, mucho más ágiles y diestros que sus oponentes, se impusieron enseguida. Era irrisorio ver a los soldados tropezar unos con otros y rodar por el suelo trabados por sus propias armaduras. Terminaron atados codo con codo, apretados contra el muro cual torpes muñecos de trapo.

Ya sin oposición alguna, Robin y los suyos bajaron del todo el puente levadizo. Entonces, sin un atisbo de indecisión, John Mansfield y el caballero negro penetraron con sus hombres en el patio del castillo.

Allí mismo tuvo lugar el combate decisivo, pues las tropas defensoras, encabezadas por los hermanos Reinault y Ralph de Bellamy, se alineaban en el lado opuesto a la entrada.

La lucha fue encarnizada, ya que ambos bandos conocían el precio de la posible derrota. Durante un buen rato, los hombres de Bellamy dejaron constancia de su valía, al tapar no pocos huecos abiertos por los proscritos en las filas de sus aliados. Por último, la irrupción en el patio de Robin y su grupo desniveló la contienda. Tanto los hermanos Reinault como Ralph de Bellamy hallaron la muerte, al igual que muchos de sus soldados.

A todo esto, Much y sus compañeros acechaban cualquier posible descuido de Gisborne para invadir los aposentos de Marian desde la fachada exterior y neutralizarle. Se presentó la ocasión de hacerlo al aporrear Robin la puerta por fuera y conminar a Gisborne a una inmediata rendición. Este, lejos de ceder, quiso utilizar a Marian como escudo protector y garantía de su huida. Entonces Much le sorprendió por la espalda y, de un violento tirón, separó al lobo de su presa.

Guy se revolvió con inusitado furor, y quiso atravesarle con su espada, pero Much eludió el golpe y hundió su propio puñal en el pecho enemigo. De esta forma, Guy terminó igual que sus compinches.

Al instante, Robin penetró en la cámara y estrechó afectuosamente las manos de Marian, mientras un nudo en la garganta le impedía hablar. Después, viendo que la lucha proseguía en el patio, ordenó a Much que cuidase de ella, y corrió al lado de sus amigos.

Como la suerte del combate ya estaba echada, los defensores del castillo optaron finalmente por rendirse. A cambio de ello, salvaron la vida. Las bajas entre los proscritos fueron escasas, y Robin mandó que todas las riquezas y objetos de valor existentes en la fortaleza quedasen en poder de las gentes de la comarca, mediante una justa distribución de los mismos.

Cuando ya no quedaba ningún ser viviente en el castillo, Robin y los suyos procedieron a incendiarlo. Desde una prudente distancia contemplaron todos cómo las llamas se iban apoderando de él, espectáculo hermoso aunque triste.

Entonces Robin quiso felicitar al caballero negro por su brillante labor combativa, pero halló que éste había desaparecido. A decir verdad, no le sorprendió demasiado el hecho, pues confirmaba la aureola de misterio que envolvía al honorable y aún desconocido aliado.

CAPÍTULO XII

FIESTA EN EL BOSQUE DE SHERWOOD

Juan sin Tierra convocó a todos sus fieles barones para informarles de la grave situación creada en el país por la última victoria de Robin Hood. Es preciso tener en cuenta que el propio príncipe había comprometido ya soldados y dinero en el objetivo de liquidar al proscrito y a su banda. Pero aún disponía de grandes recursos para abortar la insurrección popular en ciernes, y quería actuar rápidamente.

Además, algunos rumores alusivos a la liberación de Ricardo Corazón de León habían llegado a sus oídos, y ello contribuía a aumentar su inquietud.

El trágico fin de los hermanos Reinault, Guy de Gisborne y Ralph de Bellamy, adictos acérrimos todos ellos, había afectado profundamente al príncipe, quien ya no se sentía tan seguro en el trono. Necesitaba, pues, el resuelto apoyo de todos los señores normandos y, para convencer a los más reticentes, no vaciló en esgrimir razones de estado:

—Robin Hood, el proscrito, amenaza ya directamente la seguridad del reino, pues su fama y su poder van en aumento. Ahora bien, recordad que yo soy el rey de Inglaterra en ausencia de mi hermano. Me debéis obediencia y os la exijo. En estas críticas circunstancias, os pido a todos hombres y caudales para derrotar definitivamente a ese bellaco.

Con mejor o peor talante, los barones normandos accedieron a colaborar en la empresa. Sherwood era ya un objetivo militar prioritario, y Robin fue advertido de ello.

No obstante, de haber sabido Juan sin Tierra que su hermano se encontraba ya en Inglaterra, sus planes hubiesen variado considerablemente, ya que no estaba dispuesto a devolverle el trono de buen grado.

Nada más pisar suelo inglés, Ricardo Corazón de León, disfrazado de modo conveniente, sondeó la opinión de las gentes respecto a Robin Hood y el príncipe Juan. No sin sorpresa, advirtió que el parecer general ensalzaba al rebelde con tintes heroicos, mientras condenaba a su hermano por tirano. Para confirmar la veracidad de tales criterios, se dirigió luego al bosque de Sherwood vestido con negro atuendo. Nuestros lectores ya conocen su encuentro con Robin Hood y su participación en el asalto al castillo de Robert de Reinault.

Tras desaparecer de la escena, Ricardo Corazón de León, monarca legítimo de Inglaterra, llegó a conclusiones definitivas sobre la situación general de su país:

«Mi hermano ha abusado del poder que le cedí, al igual que sus partidarios. Por otra parte, es evidente que la razón asiste a Robin Hood, y que éste cuenta con el apoyo del pueblo y de algunos nobles. Por lo que sé, él me es fiel, pero debo solicitar su ayuda para recuperar el trono antes de que su rebeldía justiciera degenere en un caos total.»

Era inminente, pues, una segunda visita del rey Ricardo al bosque de Sherwood. Sin embargo, antes de que esta se produjera, Robin llamó al padre Tuck y le dijo:

—Amigo mío, necesito que vayas a Nottingham para averiguar ciertas cosas. El príncipe Juan prepara un ataque masivo contra nosotros, y he de estar al corriente de sus planes. Nuestros partidarios te informarán debidamente.

—Está bien. Procuraré regresar lo antes posible para que no se amontonen los enfermos y la asistencia religiosa siga su curso normal —convino el fraile.

—Gracias, Tuck. Que Dios te proteja en tu misión —deseó Robin.

El fraile se puso en marcha al anochecer. Campeaba en el cielo una luna clara y redonda, cuya luz reverberaba sobre la nieve.

Contaba el viajero, pues, con suficiente visión del camino. Dado que no era posible entrar en la ciudad antes de rayar el alba, pensó el religioso que le sobraba tiempo para descabezar un sueñecito bajo cualquier árbol de Sherwood. Se aplicó enseguida a la dulce tarea, y durmiendo dejó transcurrir buena parte de la noche.

Le despertaron un tropel de voces humanas y un chirrido de carruajes en mal estado de conservación. Abrió los ojos al punto y se vio rodeado por muchos rostros curiosos. Sin duda, les chocaba hallarle de tal guisa.

—¡Oh, buen fraile! ¿Estáis enfermo acaso? No tenéis buen aspecto —dijo el que parecía jefe de la caravana.

El padre Tuck se tomó un rato para responder, preso aún en las redes del sueño. Al fin, animado por la grata disposición de esa gente, acertó a decir:

—Será que el hambre y el frío se reflejan en mi cara. Con un buen pedazo de pan y una bebida caliente, entraré en reacción, amigos.

Tres muchachas se apresuraron a complacerle. Eran muy agraciadas y brillaban en sus labios tiernas sonrisas. La primera de ellas le ofreció una jarra de licor; la segunda, un gran trozo de pan moreno, y la tercera, una loncha de jamón. Todo lo aceptó el fraile con gratitud, mientras el jefe se disculpaba por la «frugalidad» de su despensa. A continuación, le propuso:

—Si, como intuyo, os encamináis a Nottingham, contad con un puesto en mi carro. ¿Aceptáis?

—Desde luego, buen hombre, y os aseguro que Dios recompensará con creces vuestra generosidad —respondió Tuck.

Acto seguido, saltó al carro con sorprendente agilidad. El viaje, de ahí en adelante, sería mucho más cómodo para él.

Dos horas más tarde, el fraile y sus valedores llegaron a la plaza del mercado de Nottingham, donde se separaron provisionalmente, pues acordaron una cita en el mismo lugar para ocho días después.

Mucho tenía que hacer el fraile durante ese período de tiempo. Visitó a unos cuantos amigos, y alguno que otro supo darle detalles acerca de los planes del príncipe Juan y sus secuaces. También captó el padre Tuck un rumor muy extendido por la ciudad, y que se refería a la liberación y regreso de Ricardo Corazón de León. Al parecer, el príncipe escocés David de Huntington había contribuido decisivamente a tales logros.

Transcurridos los ocho días, Tuck acudió a la cita concertada en la plaza del mercado. Se sentía satisfecho del éxito de su misión.

El sol aún no se había puesto, y el fraile encontró la plaza abarrotada de gente. Por lo visto, era día de feria. En un rincón del mercado se celebraba un espectáculo que causaba el jolgorio de grandes y pequeños, a juzgar por las carcajadas de unos y las sonrisas humorísticas de otros. Como no veía a sus amigos por ningún lado, Tuck decidió acercarse un momento a curiosear.

Quedó boquiabierto al comprobar que se trataba de un teatro de títeres. Sobre un escenario similar a un paisaje campestre, diminutas figurillas se movían impulsadas por invisibles cordeles, casi humanas por su naturalidad y gracejo. Los protagonistas de la acción cantaban y recitaban con voz melodiosa, a la par que saltaban, bailaban o hacían piruetas. Todo en la representación era delicado e irreal como un sueño.

Tuck nunca había presenciado una cosa semejante, y

se dejó llevar por la magia del espectáculo. Le parecía una maravilla aquello. ¿Y si los niños y adultos del campamento gozasen también de dicha fantasía teatral? Lo pensó de repente, y decidió que sería muy bonito convertir tal deseo en realidad. Por su parte no quedaría.

Terminada ya la función, y olvidado de la cita con sus amigos, Tuck pasó detrás del escenario con intención de proponer al dueño de los títeres que fuera con él al bosque, puesto que ya la temporada tocaba a su fin y poco habría de ganar él durante el invierno con sus espectáculos.

Su sorpresa fue grande al reconocer en el titiritero al jefe de la caravana que tan generosamente le había tratado de camino a Nottingham:

—¿Vos aquí? —preguntó el fraile, de una pieza.

—Ya lo veis. Os cité precisamente con idea de que asistieseis a nuestra función. Espero que os haya gustado —respondió el titiritero, sonriente.

—No podéis imaginar cuanto. Perdí la noción del tiempo contemplando vuestro arte —reconoció Tuck—.

—Me alegra oíros hablar así. A fin de cuentas, vivimos de esto.

—¿Qué tal se os presenta el invierno? —inquirió Tuck, yendo al grano.

—Según los augurios más a mano, de lo peor. La estación va a ser muy cruda, y eso encierra a la gente en sus hogares. Temo que pasaremos calamidades —aventuró el titiritero, con gesto preocupado.

—No sucederá tal si aceptáis pasar unos meses en compañía de Robin Hood y su banda —dijo Tuck, enigmático.

—¡Robin Hood, el protector de los débiles! ¿Vos le conocéis? —gritó el otro, admirado.

—Soy uno de sus compañeros, y os invito en su nombre a nuestro campamento de Sherwood —explicó el fraile.

Los miembros de la caravana aceptaron la propuesta como un solo hombre, y se apresuraron a disponer sus enseres y carromatos para el viaje, todo ello sin cruzar palabra con los extraños. La perspectiva de dar funciones teatrales a los campeones del pueblo, les entusiasmaba, especialmente por la posibilidad de ahuyentar el hambre y la inactividad propias del invierno.

El padre Tuck y la comitiva de titiriteros emprendieron la marcha de madrugada, con rigurosa discreción. Nadie se apercibió de ello en la ciudad.

Tras muchas horas de incesante rodar, la caravana llegó a los linderos del bosque. Para evitar el lógico desconcierto de los centinelas, Tuck se adelantó en solitario y les puso al corriente de la situación, rogando a uno de ellos que alertase a Robin sobre la llegada de los artistas.

Los moradores del campamento dispensaron una cordial acogida a sus invitados. Robin encontró buena la ocurrencia del fraile, y después pidió noticias de lo que se preparaba en Nottingham.

El domingo siguiente, después de la santa Misa oficiada por el padre Tuck, se celebró la primera función de los titiriteros en un teatrillo dispuesto en el «salón de asambleas».

Como el fraile había supuesto, la representación despertó el alborozo de los espectadores. Grandes y pequeños celebraron con aplausos y vítores los números más relevantes, pidiendo en ocasiones la repetición de algunos de ellos. Tuck se extasió contemplando las expresiones de aquellos rostros fustigados por la intemperie y amenazados por las armas adversarias. Como bien comprendían todos, la presencia de los titiriteros traería solaz e instrucción, alegría y nuevos alientos a unos corazones necesitados de estímulo. La moral de lucha se vería fortalecida y, con ella, la causa emprendida contra el poder corrupto.

Tiempo después, Robin, aconsejado por su estado mayor, propuso a los titiriteros algo muy ingenioso: puesto que compartían plenamente sus ideales justicieros y métodos de lucha, tal vez quisieran servirle de mensajeros ante el pueblo. Por medio de sus representaciones, y valiéndose de su repertorio bien estudiado, podrían comentar favorablemente las hazañas de su banda, así como sus miras y propósitos. También habrían de proclamar la crueldad e ineptitud del príncipe Juan y sus partidarios. De esa manera, nuevos principios de libertad e igualdad social irían arraigando entre los habitantes de ciudades y aldeas, villorrios, castillos y campiñas, siempre al ritmo de su itinerario teatral.

Los artistas aceptaron la misión con gran entusiasmo, aún siendo conscientes de los peligros a que se sometían.

Servir de arietes contra Juan sin Tierra y sus barones les pareció un desafío subyugante, pues a buen seguro iban a necesitar todo el tacto y sutileza de palabra que llevasen dentro.

CAPÍTULO XIII

RICARDO SE DA A CONOCER

A pesar de los rumores circulantes, nadie en Inglaterra conocía a ciencia cierta la presencia de Ricardo Corazón de León. Ni siquiera su esposa y la reina madre habían sido advertidas. Por supuesto, el caballero negro despertaba recelos y cábalas a su paso, pero ahí terminaba el asunto.

Antes de descubrir su identidad a Robin, despachó un mensajero a la corte escocesa con instrucciones muy precisas para David de Huntington, nuevo monarca de aquel país y flamante esposo de lady Edith. Como ya quedase convenido entre ambos meses atrás, iba a necesitar su ayuda para apartar del trono inglés a Juan sin Tierra. Le pedía, por tanto, un inmediato envío de tropas.

Cuando Ricardo supo que el ejército escocés ya estaba en marcha, se dirigió al bosque de Sherwood para hablar con nuestro héroe.

Los proscritos recibieron al caballero negro con grandes muestras de alegría, y Robin dejó al instante su cabaña para saludarle.

—Bienvenido a nuestro lado, amigo. Ya te echábamos de menos —dijo Robin, tratándole, como puede verse, con mayor confianza que la vez anterior.

—Me halagan tus palabras, Robin —contestó Ricardo, al tiempo que desmontaba.

—¿Qué nuevas te traen aquí? —se interesó Robin.

—Quiero hablar contigo de cosas muy importantes.

—Espero que hayas decidido quedarte con nosotros para siempre. ¿Acierto?

—No, amigo mío. Pero permíteme que descanse un rato y luego trataremos de nuestros asuntos. De momento, quisiera saludar al noble Ricardo at Lea y a su hija Marian.

—Te acompañaré a su choza —accedió Robin.

Ricardo quedó gratamente sorprendido por la comodidad y limpieza del habitáculo. Almohadones rellenos de plumas y alfombras de pieles llenaban su espacio útil con manifiesto primor, haciendo a la vez de muebles, camas y elementos decorativos. Bien se notaba allí la mano de Marian. Padre e hija le acogieron con verdadero júbilo, y no cejaron hasta lograr que él y Robin compartiesen su modesta cena. A última hora, Tuck se sumó al ágape familiar.

A los postres, Robin explicó a Ricardo que en el campamento se observaba un principio de igualdad en lo referente a la comida. Cada uno recibía la cantidad de alimentos más adecuada a sus necesidades, a cambio de un trabajo personal medido según las propias fuerzas y capacidad. Se desechaban todos los privilegios y favoritismos, sin excepción. Dicha ley era acatada escrupulosamente por todos. Seguidamente, Robin expuso el funcionamiento y la organización de la colonia, aunque sin entrar en detalles. El rey estimó positivamente el espíritu que presidía la vida en común de los proscritos, pero dejó para más adelante el estudio en profundidad de la cuestión.

Después de dos horas de conversación, el rey creyó oportuno retirarse a descansar, y fue acompañado por Robin hasta la choza que se le había reservado como huésped de honor.

A la mañana siguiente, Ricardo se levantó en óptimas condiciones, restauradas ya sus fuerzas por el sueño nocturno, y muy dispuesto a desayunarse una pierna de cordero, si tal le ofreciesen. Tras saciar su apetito, llamó a Robin y le dijo:

—Amigo mío, te ruego que me escuches con gran atención, pues voy a revelarte cosas trascendentales no sólo para ti y los tuyos, sino también para mi reino. Digo esto porque yo soy el rey Ricardo Corazón de León. Observa este anillo y reconocerás mis armas.

El soberano, mientras así hablaba, le tendió la mano para que pudiera comprobar la veracidad de su afirmación.

Robin se aproximó con cierto reparo, miró el anillo detenidamente y, estupefacto, reconoció el blasón de la casa real. Puestas así las cosas, se inclinó respetuosamente para besar la mano de su rey. Después, abandonó la choza y llamó a sus hombres a grandes voces.

Cuando todos se hubieron congregado ante él, les explicó —previa autorización del monarca— quien era en realidad el caballero negro. Acto seguido, cedió la palabra a Ricardo:

—Queridos compañeros y amigos —comenzó el rey—, por fortuna he tenido ocasión de conoceros antes de que las circunstancias me obligasen a juzgar vuestra rebeldía. Ahora sé que no sois maleantes, sino víctimas de los excesos y tropelías de los barones, protegidos inicuamente por mi hermano Juan sin Tierra. Sé igualmente que debisteis abandonar vuestros hogares y bienes para salvar la vida, que muchos de vosotros habéis sufrido tormentos, y que os han despojado de vuestras haciendas, dejándoos sumidos en la más completa miseria.

»Con gran satisfacción os anuncio que ha llegado el momento de vuestra rehabilitación. Nada más recuperar el trono proclamaré vuestra libertad y perdón.

Se abrieron unos instantes de tenso silencio, a los que siguieron repentinos vítores y vivas en honor del rey Ricardo. Por último, todos se abrazaron y besaron, exultantes de júbilo.

Robin, profundamente emocionado por la generosidad real, hizo señas a sus hombres para que callasen, y habló de esta manera:

—Majestad, en nombre propio y en el de mis compañeros, os agradezco sinceramente la oportunidad que nos ofrecéis de enderezar nuestras vidas. Como ya sucediera en otro tiempo, nos sentimos fieles súbditos vuestros, y proclamo firmemente el compromiso de todos los aquí presentes de defender la corona de Inglaterra contra cualquier asechanza o maquinación de sus enemigos.

Luego, volviéndose hacia sus compañeros, Robin exclamó:

—¡Jurad todos conmigo, sobre la cruz de esta espada, eterna fidelidad a Su Majestad y a la monarquía por él representada, con la ofrenda de vuestras vidas y bienes, si es preciso, para mayor gloria y esplendor de ambos! ¡Por Ricardo I Plantagenet, llamado Corazón de León, tres veces viva!

—¡Viva! ¡Viva! ¡Viva! —gritaron todos al unísono.

Algo más tarde, Ricardo at Lea tuvo ocasión de relatar a su soberano las desventuras sufridas tras su decisión de viajar a Tierra Santa en su busca. El rey, verdaderamente emocionado, apenas encontró palabras de agradecimiento a su vasallo.

Ricardo informó seguidamente a Robin de la inminente irrupción en suelo inglés del rey de Escocia, al frente de su ejército, y añadió:

—Le he ordenado que se sitúe con sus tropas en las proximidades de Londres. Ahora es mi deseo que tú y tus hombres me acompañéis hasta allí.

—Lo haremos con orgullo, señor —repuso Robin—. ¿Cuándo debemos partir?

—Mañana al amanecer.

—Con vuestro permiso voy a disponerlo todo para la marcha —añadió Robin, retirándose con una reverencia.

CAPÍTULO XIV

VICTORIA INCRUENTA

El avance del ejército escocés sobre Londres, con David de Huntington a la cabeza, alarmó seriamente a Juan sin Tierra. Aquello era una invasión en toda regla y, por tanto, los barones normandos decidieron prestarle apoyo incondicional. Fue así como el príncipe Juan consiguió reunir bajo su mando poderosos efectivos. Dado que encerrarse en Londres no resultaba aconsejable, dispuso sus tropas en las afueras de la ciudad.

Cuando ambos ejércitos se aprestaban ya a combatir, Juan sin Tierra y sus barones advirtieron algo desconcertante: por su retaguardia avanzaban contingentes armados.

—¿Qué fuerzas son esas? —preguntó el príncipe Juan.

—Creo distinguir a la banda de Robin Hood —repuso uno de sus capitanes—. Sin embargo, y para mejor asegurarme, acabo de enviar una patrulla. No tardará en volver con noticias.

Poco después, las impresiones del capitán se confirmaban plenamente, y Juan sin Tierra tuvo que optar por una estrategia muy socorrida:

—Dividiremos nuestro ejército en dos —ordenó—. Una parte se pondrá a la defensiva, mientras la otra atacará y destruirá a esos delincuentes. Por último, los dos contingentes volverán a unirse para aniquilar a los escoceses.

Así procedieron los jefes normandos, sin que sus adversarios modificasen el lento movimiento de aproximación. Ya iba el príncipe Juan a tomar la iniciativa, cuando un caballero ceñido por negra armadura surgió de las filas de Robin y, avanzando a la descubierta, gritó con voz autoritaria:

—¡Qué se detenga la lucha!

—¿Quién sois vos para ordenar tal cosa? —replicó Juan sin Tierra.

—Soy Ricardo Corazón de León, vuestro hermano.

Siguió un imponente silencio. Los barones normandos se preguntaron si aquel caballero sería realmente el monarca legítimo de Inglaterra. Pero pronto salieron de dudas.

El rey Ricardo desmontó y se acercó a ellos. Luego, se quitó el casco y mostró sus facciones a todos, siendo reconocido al instante. En efecto, allí estaba el gran ausente, el soberano anhelado por nobles y vasallos de recto juicio.

Estallaron aclamaciones es uno y otro bando. Quienes ya se disponían a matar o morir, olvidaron todo encono para celebrar al unísono la vuelta de Ricardo. En lugar del choque metálico de las armas, brotaron cantos, vivas a Su Majestad y risas eufóricas. Sólo Juan sin Tierra parecía contrito, y ello por motivos obvios:

—Perdón, hermano. Ignoraba vuestra presencia en Inglaterra —se excusó con palabras balbucientes—. Consideré que los escoceses nos atacaban y que Robin Hood se alzaba contra la corona.

—Estoy bien enterado de vuestros desmanes y errores —contestó duramente el rey—. Merecéis por todo ello la muerte, pero me contentaré con desterraros del país. ¡Fuera de mi vista enseguida!

Incapaz de articular una respuesta, Juan sin Tierra se inclinó humildemente y desapareció de la escena. Quería refugiarse en sus posesiones de Bretaña, pensando que su influencia política había terminado para siempre. Y en esto se equivocaba.

Tras saludar a los principales jefes escoceses, normandos y sajones, David de Huntington, el rey y Robin Hood se abrazaron calurosamente. Luego, al frente de los tres ejércitos, desfilaron por las calles de Londres, cuyos alborozados habitantes no cesaban de vitorearles. Fue voluntad de Ricardo visitar cuanto antes a la reina madre y a su esposa Berengaria, siempre en compañía de Robin y David. La reacción de ambas damas resultó de lo más efusiva, hasta el punto de que gruesas lágrimas asomaron a los ojos de todos ellos.

No se hizo esperar el banquete de gran gala, celebrado en honor del rey Ricardo y también de sus fieles seguidores. A él asistieron los barones normandos y sajones —bien avenidos entre sí—, como también Ricardo at Lea y su hija Marian.

Al finalizar la comida, Ricardo Corazón de León tomó la palabra:

—Ante todo es mi deseo declarar a Robin Hood fiel vasallo de la corona. En razón de sus méritos y hazañas, le nombro conde de Nottingham y señor de Loski, además de reintegrarle todos los títulos y bienes heredados de su padre. Asimismo, levanto la proscripción contra él y sus hombres, que desde hoy serán súbditos de mi particular preferencia.

Robin, profundamente conmovido, apenas logró responder:

—Gracias, Majestad. Ya sólo me atrevo a pediros la completa igualdad ante la ley de normandos y sajones, tal como deseaba mi padre y también nuestro buen amigo Ricardo at Lea, aquí presente.

—Vuestra petición será satisfecha. De ahora en adelante, no habrá sajones y normandos, sino ingleses. Además, Ricardo at Lea y cuántos han sufrido persecución recuperarán sus tierras y bienes —puntualizó el soberano.

—¡Viva Ricardo Corazón de León! —gritaron los asistentes.

Durante una semana, abundaron los festejos en todo el país. El rey añorado por las gentes había retornado por fin, y con él la paz y el orden perdidos. Por primera vez en muchos años, Inglaterra podía contemplar el futuro con ilusión.

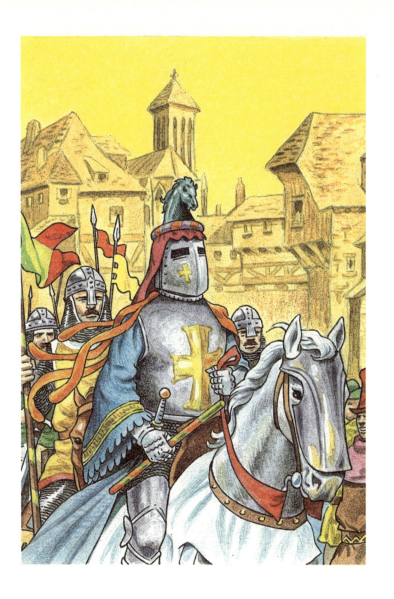

CAPÍTULO XV

LA BODA

El nuevo gobierno de Ricardo Corazón de León deparó a sus vasallos alegría y prosperidad. Lejos quedaban los tiempos de Guillermo el Conquistador, porque sajones y normandos comprendieron finalmente la necesidad de unirse y convivir en paz.

Los nobles sajones desposeídos recobraron sus bienes, y esto complació a los barones normandos, deseosos de poder contar con aldeanos felices que trabajasen sus tierras de buen grado, hecho insólito en el país.

Salteadores y fugitivos desaparecieron de los caminos, mientras el bosque de Sherwood retornaba a su acostumbrada quietud. Todos los hombres de la banda de Robin volvieron a sus ocupaciones de antes, ya sin temores ni ofensas que vengar.

John Mansfield fue nombrado corregidor de Londres por sus proverbiales servicios. Much, por su parte, reconstruyó su molino con la ayuda de Robin, y se casó de nuevo. Tuck recibió el cargo de abad de Santa María de Nottingham, mientras otros compañeros suyos aceptaron puestos de responsabilidad en varios ayuntamientos.

Robin se dedicó a restaurar el castillo heredado de sus padres, pues era lamentable el estado en que lo habían dejado quienes se apropiaron de él por la fuerza. Transcurrieron algunos meses antes de que la mansión se hallase en condiciones de volver a ser habitada, y, durante dicho periodo, su dueño fue huésped de honor en el castillo de Ricardo at Lea, con la natural satisfacción de Marian.

El amor entre ambos jóvenes llegó plácidamente a su madurez, y, cierto día, Robin se atrevió a dar el paso decisivo. Como tantas otras veces, conversaba con Ricardo at Lea en el despacho de éste. Aprovechando una dilatada pausa, dijo:

—Señor, deseo pedir a vuestra hija en matrimonio, pues siento hacia ella un profundo amor. En Sherwood nada podía ofrecerle aparte de mi cariño. Ahora, por fortuna, la situación ha cambiado.

—Y yo me felicito de ello. ¿Sabes, Robin? Desde vuestra niñez, por acuerdo paterno, estabais destinados el uno al otro. Pero me complace que tal unión haya fructificado espontáneamente, sin intereses egoístas de por medio —repuso Ricardo at Lea.

Como era costumbre en aquellos tiempos, Marian fue informada de la petición de Robin, y expresó su júbilo de la manera más discreta posible: con un repentino fulgor de pupilas y una sonrisa floreciente.

Dos días después, a la vez que se conmemoraba el aniversario del indulto concedido por el rey a Robin y a su banda, tuvo lugar el anuncio oficial del casamiento de aquél con Marian.

La fiesta resultó espléndida. Asistieron a la misma el rey Ricardo y su esposa, la reina madre, los más destacados miembros de la nobleza inglesa, David de Huntington y lady Edith, y también una representación de la banda de Sherwood, formada por Tuck, Much, John Mansfield y el cerrajero.

Cantos, juegos, bailes y espectáculos teatrales, sirvieron de complemento al refinado banquete. El rey Ricardo, como invitado de honor, recordó la jornada que ahora se festejaba con palabras de admiración hacia Robin Hood y sus leales.

A continuación, Robin se levantó de su sillón para indicar que su casamiento con Marian tendría lugar un mes después en su castillo, y que todos los asistentes estaban invitados al mismo.

En la fecha prevista, el padre Tuck unió a los dos jóvenes en santo matrimonio en la capilla familiar de los Fitzwalter.

A duras penas logró el sacerdote pronunciar las palabras rituales, tal era su emoción y dicha.

Siguieron tres días de fiestas, con participación de la servidumbre de ambas casas. Comidas al aire libre, bailes y canciones, hicieron las delicias de quienes, por su condición, tenían vedado el acceso a los grandes salones palaciegos.

Como acto sobresaliente de aquellas jornadas habría que citar el torneo de trovadores celebrado en el salón del castillo. A él concurrieron los mejores poetas del momento, imponiéndose finalmente Blondel de Nesle, quien, en versos escogidos, cantó las hazañas del rey Ricardo y también las de Robin Hood.

Durante una pausa de los festejos, Ricardo Corazón de León llamó aparte a Robin para expresarle sus más graves preocupaciones de gobierno. Un serio incidente afectaba a las ya tensas relaciones entre Inglaterra y Francia. En palabras del soberano, la situación se perfilaba de la siguiente manera:

—Como ya sabes, Robin, el rey Felipe Augusto se muestra últimamente muy hostil hacia nosotros. Ya surgieron desavenencias mutuas en Tierra Santa, durante la cruzada en que me honré participar, pero el Papa de Roma nos impuso una reconciliación más aparente que real.

—Sí, Majestad. Estoy al tanto de todo ello. Pero, ¿en qué consiste el incidente que habéis mencionado antes?

—Hace unas semanas envié a Italia hombres de confianza para que adquirieran en Génova, Amalfi y Venecia ciertas mercancías que necesito. Al regresar tuvieron que pasar por Francia, donde fueron desvalijados por un grupo de bandidos. Tengo para mí que tales bandidos eran agentes a sueldo del rey Felipe Augusto, pero carezco de pruebas al respecto —argumentó Ricardo.

—Sin embargo, el rey francés es responsable de lo que sucede en su país, conforme al derecho de gentes —señaló Robin—. Creo, por tanto, que nos sobran razones para presentar una protesta, al margen de las averiguaciones que tal hecho exige.

—Ya he tomado ambas iniciativas. La protesta ha sido cursada por medio de mis embajadores, y, por otra parte, varios agentes trabajan en Francia con el fin de descubrir la verdad. Si mis sospechas se confirman, habrá guerra —manifestó el soberano.

—Me permito sugeriros que, de comprobarse la culpabilidad del rey Felipe Augusto, exijáis la satisfacción correspondiente antes de declarar la guerra. El prestigio de la corona y la dignidad de nuestro país ante la historia así lo demandan. Sólo si el monarca francés rehusara justificar su actitud, sería lícito recurrir a las armas —aconsejó Robin.

Ricardo Corazón de León encontró razonable la propuesta, y decidió dar tiempo al tiempo, en espera de que el buen sentido de Felipe Augusto prevaleciese sobre sus inclinaciones violentas.

Las fiestas de bodas culminaron con toda brillantez, en el sentido más literal del término. Fuegos de artificio iluminaron el cielo nocturno sobre el castillo, con una densa policromía de luces y chisporroteos estelares de gran vistosidad. A intervalos, con apoyo de recias detonaciones, ascendía la cohetería multicolor y zigzagueante, entre exclamaciones de asombro de los invitados al espectáculo. A gran altura sobre las cabezas orientadas al cielo, estallaban racimos fosforescentes con apariencia de flores y canastillas, frutas y serpentinas, estrellas y cintas desprendidas de cometas.

Un estampido final, mucho más poderoso que los anteriores, inundó la bóveda celeste de llamaradas carmesíes. Por un instante, los espectadores quedaron cegados, incapaces de resistir tan mayestático fulgor. Luego, apareció una franja dorada, de la cual se desprendían cordones luminosos que, entrelazándose, formaron el escudo de armas del rey. Por último, bellas letras de fuego pusieron sobre el fondo oscuro del firmamento la siguiente expresión: ¡Viva Ricardo Corazón de León, rey de Inglaterra!

Era el más grandioso homenaje tributado a un monarca inglés en el curso de los siglos. Asombrado y feliz, Ricardo sólo pudo balbucir:

—¡Es fantástico, querido Robin! ¡Nunca olvidaré el espectáculo que acabas de ofrecerme!

CAPÍTULO XVI

ROBIN, PROTECTOR DEL REINO

Al cabo de un año, nació el primogénito de los condes de Nottingham, el cual fue bautizado con el nombre de Edward, en homenaje al abuelo paterno.

Poco después, una cruel dolencia terminó con la vida de Ricardo at Lea, quien apenas pudo gozar de la compañía de su nieto. En medio del dolor general, se celebró su entierro, presidido por el rey.

Transcurrieron algunos años de paz y bienestar en Inglaterra. El buen gobierno de Ricardo Corazón de León era cada vez más apreciado por sus hábitos, y Robin, amén de recibir diversos privilegios reales, fue nombrado consejero de la corona.

Ello le obligó a desplazarse a Londres muy a menudo, pues el monarca solicitaba su opinión acerca de cualquier asunto delicado, no emprendiendo nunca iniciativas sin su consentimiento.

Cierto día, llegó al castillo de Robin un mensajero real. Su Majestad le requería en Londres con la mayor urgencia, pues se enfrentaba a un grave problema político.

Robin ordenó ensillar su más veloz corcel, y poco después galopaba frenéticamente en dirección a la capital. Consumió gran parte de la noche en el camino y, cuando arribó a palacio hambriento y cansado, no tuvo tiempo de descansar; el rey y sus consejeros le aguardaban impacientes.

Tras un breve refrigerio, todos se dirigieron a la sala del consejo. Por fin, el rey habló del modo siguiente:

—Respecto a las gestiones diplomáticas hechas ante el gobierno de Su Majestad el rey Felipe Augusto de Francia, he de anunciaros que no han dado frutos positivos. En cambio, tengo pruebas concluyentes de que los bandidos que asaltaron a mis hombres en territorio francés son agentes del propio monarca. He protestado con firmeza y exigido reparaciones, pero todo ha sido inútil. Ya sólo queda decidir si declaramos o no la guerra a Francia. En cualquier caso, el buen nombre de la corona y nuestros legítimos derechos requieren medidas contundentes. Que cada cual manifieste su postura concreta.

—Es una provocación inadmisible —opinó uno de los consejeros.

—Aún más. Es una humillación vergonzosa —agregó el barón de Hills.

—¿Qué pensáis vos, conde de Nottingham? —preguntó el rey, siempre pendiente de Robin.

—Felipe Augusto quiere la guerra, eso es evidente...

140

—¿Debemos complacerle entonces? —inquirió el rey.

—No hay otra salida. La guerra, o el deshonor —añadió Robin.

El consejo se mostró unánime. Ricardo Corazón de León nombró al barón de Hills embajador especial que transmitiría a Felipe Augusto la solemne declaración de guerra por parte de Inglaterra.

Como ya era costumbre, el rey quiso charlar en privado con Robin. Por eso, tras despedir cordialmente al barón de Hills y a sus restantes consejeros, le dijo:

—Ya lo veis, amigo mío. La guerra es inevitable, y deseo mandar personalmente mis tropas. Cuando todo se halle dispuesto, embarcaré con destino a Francia. He de dar a ese fantoche la lección que necesita.

—Será para mí un placer acompañaros, Majestad —afirmó Robin.

—No, Robin. Permaneceréis aquí. Mi esposa tomará la regencia, pero vos le aconsejaréis. Deseo evitar que la historia vuelva a repetirse. Mi hermano Juan sin Tierra anda al acecho, y bien podría intentar un nuevo golpe de mano —objetó el rey.

—Contad conmigo, señor. Aquí aguardaré vuestro retorno —expresó vigorosamente Robin.

—¿Cuántos hombres podréis incorporar a mi ejército? —preguntó el monarca, satisfecho.

—Alrededor de un millar, señor, todos ellos bien equipados y adiestrados —puntualizó Robin, lleno de empuje.

—No esperaba menos de vos —aseguró Ricardo—. Dentro de pocos días iré a vuestro castillo para hacerme cargo de todos ellos.

—Los encontraréis listos y con moral de victoria, señor —prometió Robin, antes de despedirse.

Ricardo Corazón de León se presentó en Nottingham con parte de su ejército expedicionario. Después de recibir el cariñoso homenaje de la población, se dirigió al castillo de Robin, donde el contingente acordado le rindió honores y juró fidelidad hasta la muerte.

Antes de partir hacia la costa, el rey pidió a Robin que protegiese a su esposa y a su madre, las personas que más quería en el mundo.

—Marchad tranquilo, Majestad. Velaré por ellas —le contestó Robin.

—Sé que lo haréis —dijo Ricardo.

Ambos se abrazaron con emoción al separarse, y sus ojos se empañaron un tanto. Negros presentimientos turbaban el corazón de Robin, pero no deseaba ceder ante ellos. Cuando él y Marian quedaron a solas en uno de los torreones del castillo, enmudecieron largo rato, mientras seguían con la mirada al ejército que se adentraba en la oscura noche. Al fin, ella le preguntó:

—¿Qué te preocupa, Robin?

—La suerte que pueda correr el rey —musitó él pesadamente.

—Regresará victorioso, no lo dudes —quiso animarle Marian.

—¡Ojalá tengas razón! La guerra esconde siempre aza-

res imprevistos. Si él muriese, vendrían tiempos difíciles para Inglaterra. Juan sin Tierra ocuparía el trono, y la tiranía volvería a asolarnos.

—Olvida esos temores. Ricardo vencerá a los franceses y tú y yo viviremos felices junto a nuestro hijo —insistió ella, con toda su persuasión.

—Sí, Marian, así ha de ser. La justicia debe imponerse en el mundo. Ayudaré a la reina, y que Dios conceda pulso firme a Ricardo —terminó diciendo Robin.

CAPÍTULO XVII

JUAN SIN TIERRA

Felipe Augusto recibió al embajador inglés con gran deferencia y cortesía. Escuchó en silencio cuántas quejas se dignó exponer aquél y aceptó sin inmutarse la declaración de guerra de Ricardo. A continuación, concedió permiso al barón de Hills para regresar a su país.

Ricardo Corazón de León tuvo ocasión de escuchar el informe del barón en el mismo puerto de embarque:

—Creo que esperaba vuestra declaración de guerra, Majestad —dijo Hills, refiriéndose a Felipe Augusto—. Es más, se alegró de recibirla.

—Veremos si se alegra tanto de lo demás. Regresad a la corte, barón de Hills, y aguardad allí órdenes mías o de la reina.

—Como gustéis, Majestad.

Ricardo desembarcó en Francia con la suerte a su favor. De victoria en victoria, se abría paso hacia París, a pesar de la fuerte resistencia enemiga. En su palacio, Felipe Augusto comenzó a inquietarse.

—Ricardo es un adversario de cuidado, y temo perder la guerra —dijo a su primer ministro.

—Aún es pronto para decir eso, Majestad. Nuestro ejército se bate con firmeza y está muy entero —repuso aquél.

No le faltaba razón al primer ministro francés. La guerra es con frecuencia veleidosa y puede convertir los triunfos en derrotas, los avances en retrocesos y la euforia en desazón.

Muy ajeno se hallaba Ricardo a tales consideraciones, mientras arengaba a sus tropas frente al castillo de Chaluz Chabrol:

—El camino hacia París se halla jalonado de fortalezas como esta, pero todas caerán en nuestras manos. ¡Animo, soldados!

—¡Por Ricardo y por Inglaterra! —gritaron sus hombres con entusiasmo.

Al siguiente amanecer, las tropas inglesas se lanzaron al ataque. Mientras la infantería rodeaba el castillo, grandes máquinas de asalto entraron en acción, con el fin de quebrantar las defensas enemigas. La caballería, entretanto, esperó su momento.

Una incesante lluvia de flechas y bolas incendiarias caía de continuo sobre los bastiones franceses, pero estos se mantenían incólumes. Entonces Ricardo ordenó el asalto de sus infantes, por más que sus capitanes expusiesen ciertas reservas. El combate fue encarnizado. Los soldados ingleses derrochaban valor y audacia, pero sus antagonistas no les iban a la zaga y siempre terminaban por rechazarles. La fortaleza de Chaluz hacía honor a su bien ganada fama.

—¡Adelante por Inglaterra! —gritaba una y otra vez el rey Ricardo, siempre al frente de sus hombres.

De improviso, un venablo francés rasgó el aire fresco de la mañana, atravesó limpiamente la armadura plateada del rey Ricardo, y destrozó su corazón de León. Nadie supo quién lo había arrojado y, por extraño que parezca, el autor del hecho decidió ocultar su responsabilidad.

El soberano inglés cayó de su montura sin exhalar el menor grito, fulminado por el impacto. Su muerte fue instantánea.

Cesó la lucha; callaron las armas. En medio de un silencio impresionante, los ingleses tomaron el cuerpo de Ricardo y lo llevaron a su tienda de campaña. Horas más tarde, el ejército invasor iniciaba su retirada hacia la costa, libre de cualquier hostigamiento francés.

La noticia del trágico suceso esparció el dolor y la incredulidad por toda Inglaterra. En un primer momento, hubo quienes pensaron que todo aquello era una simple estratagema enemiga destinada a desmoralizarlos. Pero el desembarco de las primeras tropas inglesas en Dover zanjó tristemente la cuestión.

Robin Hood comunicó personalmente lo sucedido a Berengaria y a la reina madre:

—El noble rey Ricardo ha muerto en el campo de batalla, víctima de un venablo perdido.

—¡Oh, Dios mío! —exclamó la reina entre sollozos—. ¿Qué va a ser ahora de nosotros?

—Sabremos imponernos a los acontecimientos —afirmó la reina madre Leonor, con gran presencia de ánimo.

—Estoy a vuestro servicio, señoras —dijo Robin—. ¿Qué he de hacer?

—Reunid el consejo de la corona. En él tendrá que decidirse el futuro del reino de acuerdo con las leyes sucesorias —ordenó Berengaria.

—Ello significa el ascenso al trono del príncipe Juan —objetó Robin.

—Probablemente, pero no hay otro camino —admitió la reina.

—Esperemos que el destierro haya vuelto a mi hijo más humilde y compasivo —musitó la reina madre, dubitativa.

—Sería un milagro que tal ocurriese —opinó Berengaria.

—De momento, señoras, urge que busquéis acomodo en la corte de Escocia. El rey David y su esposa os acogerán cordialmente —intervino Robin.

—Vuestra recomendación es prudente, conde. Haremos los preparativos necesarios para el viaje —dijo la reina.

—Que el cielo os proteja —deseó Robin, inclinándose ante ellas.

—Adiós, Robin, y cuidaos del príncipe —aconsejó la reina madre Leonor.

Robin Hood convocó el consejo de la corona horas después. A pesar de las escasas simpatías que inspiraba a los presentes el nuevo rey, nadie se atrevió a modificar el orden sucesorio. El acuerdo fue, pues, unánime: muerto Ricardo Corazón de León sin heredero legítimo, la corona pasaba inexorablemente a poder de su hermano Juan sin Tierra.

Finalizado el consejo, Robin encargó al barón de Hills que notificase al príncipe Juan su ascensión al trono de Inglaterra. Con tal misión se trasladó a Bretaña al antiguo embajador de Ricardo, siendo recibido fríamente por el desterrado.

Nada había cambiado en el ánimo de Juan sin Tierra. Como era de esperar, ardía en deseos de venganza, pero resolvió ocultar sus sentimientos por unos días. Con la mayor naturalidad, se presentó ante el consejo de la corona y aceptó de buen grado el juramento de fidelidad y vasallaje de sus súbditos.

Una vez proclamado rey de Inglaterra, Juan disolvió el consejo de la corona y sustituyó a sus miembros por amigos de escaso talento y gran docilidad. Asimismo, nombró primer ministro a sir Norman Beverly, un hombre incapaz donde los hubiese, y ordenó la destitución de todos los corregidores y alcaldes investidos por su hermano.

Un mes después de su coronación, Juan sin Tierra preparó un golpe decisivo contra la nobleza y el pueblo. Se trataba de desposeerlos de cuántos privilegios y garantías gozaron durante el reinado de Ricardo Corazón de León, sin hacer distinción entre normandos y sajones.

—Mi hermano concedió demasiada atención al pueblo,

y con ello mermó el valor de la corona. El rey debe mandar sin limitación alguna, y yo haré que todos cumplan mis órdenes, sean cuales fueren —dijo a sus amigos del consejo.

—Sabia medida, Majestad. No podéis comenzar mejor vuestro reinado —corearon éstos, serviles.

—Firmaré el decreto de anulación de privilegios y libertades —anunció el rey—. Vos, sir Norman, haréis que se cumpla meticulosamente.

—Estad seguro de ello, mi señor —afirmó el primer ministro.

CAPÍTULO XVIII

REGRESO AL PASADO

El célebre decreto de anulación desbordó las iras populares. El país había aceptado la subida al trono del príncipe Juan porque las leyes de sucesión así lo exigían, pero nadie quería perder lo conseguido en tiempos de Ricardo.

Estallaron motines y disturbios en gran parte de Inglaterra, siendo muy dura la represión de las tropas al servicio de la corona. Ciudades y pueblos se cubrieron de sangre, mientras Juan sin Tierra respondía al desafío con una interminable lista de proscritos. Al frente de la misma figuraba el conde de Nottingham, quien, al igual que otros cincuenta nobles, perdió su feudo y todos sus títulos. Volvía a ser simplemente Robin Hood.

A continuación, el rey dictó una orden de prisión contra todos los incluidos en dicha lista. Robin, avisado de inmediato por sus amigos, preparó su retorno al bosque de Sherwood, en unión de Marian y su hijo Edward.

Compañeros de antaño se encontraron allí poco después, felicitándose casi de haber recuperado un marco natural donde vivir y luchar por la libertad. Muchos hombres y mujeres volvieron a entonar cantos y a levantar chozas, a establecer puestos de vigilancia y a hollar la floresta con sus andares confiados.

Pero esta vez no se trataba de una insurrección minoritaria, porque casi toda la nobleza se sumó a la causa de Robin Hood, con vistas a recuperar antiguas libertades y privilegios. Asimismo, riadas de jóvenes campesinos afluían continuamente al bosque, dispuestos todos ellos a alistarse en las filas rebeldes.

Allí estaban otra vez: John Mansfield, que ya no era corregidor; el padre Tuck, destituido de su cargo en la iglesia de Santa María; Much, despojado por la fuerza de su molino; el cerrajero, siempre añorante de pasadas hazañas.

El levantamiento desembocó pronto en una guerra civil generalizada. Juan sin Tierra contaba con el ejército y con una tercera parte de la nobleza feudal, teniendo enfrente al resto del país. La gran igualdad de fuerzas hizo que la lucha se prolongara durante quince interminables años. El tiempo actuaba a favor de Robin y sus aliados. Campos, ciudades y pueblos eran escenarios habituales de la guerra, dándose con similar frecuencia los choques de escasa entidad y los masivos enfrentamientos de ejércitos bien equipados.

Robin Hood conservaba su antiguo vigor, por más que el sufrimiento y los reveses de la vida hubiesen dejado profundas huellas en él. Marian, siempre a su lado, le animaba de forma ejemplar, y su hijo Edward era ya un muchacho fuerte y audaz, que deseaba a todo trance emular las hazañas del progenitor.

Murieron el padre Tuck y Much sin poder presenciar en esta ocasión el triunfo de la causa. Pero Robin recibía constantemente fuerzas de refresco, y el cansancio prendía ya en el ejército de Juan sin Tierra. Antes de fallecer, sir Norman Beverly pidió al rey que buscase la paz con los rebeldes.

—Eso es imposible —le contestó Juan sin Tierra—. Cualquier iniciativa en ese sentido debe partir de ellos.

—Inglaterra perece, Majestad. Esta guerra se prolonga demasiado, y tiene que acabar cuanto antes. Quizá aún estéis a tiempo de evitar el desastre —insistió el primer ministro.

Después de la muerte de sir Norman Beverly, el rey se encerró en sus aposentos a cal y canto. Nadie podía verle sin un motivo especial. Su propia determinación empezaba a debilitarse, y largas reflexiones le llevaron a la conclusión de que su hermano Ricardo había sabido tratar al pueblo mejor que él. ¿De qué le servía tanta rigidez e intolerancia? Desde su coronación, sólo pudo ofrecer al país sangre, miseria y devastación. Pero ya los acontecimientos se volvían contra él, y esta vez de una manera definitiva.

Doblegado por la frustración y la impotencia, Juan sin Tierra decidió al fin parlamentar con sus enemigos. Apeló como posible mediadora a la reina Berengaria —refugiada en la corte escocesa desde los días de su elevación al trono—, y ésta aceptó tan delicada responsabilidad por el bien de Inglaterra.

La entrevista de Berengaria con Robin Hood y los demás jefes rebeldes se celebró en el bosque de Sherwood, previa tregua concertada por ambos bandos. La esposa de Ricardo Corazón de León, querida y respetada por todos, fue recibida con grandes aclamaciones por los insurrectos. Tras los saludos protocolarios, la reina expresó las razones que habían hecho posible su mediación. Robin se mostró agradecido por ello, y añadió:

—Es el momento de saber lo que nos ofrece el rey... si es que tiene algo que ofrecernos.

—Sólo puedo deciros que admite los errores cometidos desde su coronación. ¿No es esto suficiente?

—No, no es suficiente, señora —dijo con franqueza Alfredo de Noden, un noble normando.

—Habrá paz cuando reconozca los privilegios y libertades que nos concedió vuestro esposo —dijo otro de los presentes.

—Y que él nos arrebató tan inicuamente —manifestó un tercero.

—Os ruego trasmitáis a Juan sin Tierra lo siguiente: aceptamos su condición de rey legítimo, pues así lo impusieron en su momento las leyes sucesorias, y tal dictaminó el consejo de la corona nombrado por Ricardo Corazón de León. Ahora bien, nos hemos rebelado contra su despotismo y arbitrariedad. Cesará la lucha cuando él derogue su decreto de anulación de libertades y privile-

154

gios que motivó su estallido. Esta y otras peticiones irán incluidas en la Carta de derechos que en breve queremos presentarle. Firmándola, traerá la paz a su reino. ¿Qué pensáis de todo esto, señora? —terminó diciendo Robin.

—Vuestra postura es muy sensata, y daré cuenta de ella al rey —manifestó Berengaria, complacida.

—Antes deseo aclarar una cosa —intervino Alfredo de Noden—. Las otras peticiones que anuncia Robin incluyen la destrucción de la lista de proscripción, la liberación de todos los prisioneros rebeldes a Su Majestad, y la devolución a cada cual de los feudos y títulos que nos han sido arrebatados.

—Confirmo lo que dice mi compañero —aclaró Robin.

—De todo ello tendrá conocimiento el rey —prometió finalmente Berengaria.

Poco después, la entrevista concluyó y, por primera vez en muchos años, un soplo de esperanza animó a los agotados combatientes.

CAPÍTULO XIX

LA CARTA MAGNA

Juan sin Tierra escuchó aprensivamente el informe de la reina Berengaria, y se negó a tomar una decisión inmediata. Débil de carácter como era, a pesar de sus enérgicas medidas, buscaba una salida ventajosa a la situación planteada. Desde luego, no pudo hallarla, y permaneció varios días más acometido por crueles vacilaciones.

La realidad se impuso finalmente, y el rey hubo de ceder. A cada momento llegaban noticias de motines y deserciones en las filas de su ejército. El pueblo, muy envalentonado ya, salía en masa a las calles a vitorear a Robin Hood y a la reina Berengaria. La victoria moral de los rebeldes no admitía réplica, y esto lo sabían numerosos oficiales y soldados de Su Majestad.

Un grave suceso acaecido en Norfolk terminó con las últimas dudas del monarca: un cuerpo de ejército acantonado allí se había sublevado al grito de: «¡Viva Robin Hood!».

Juan sin Tierra, acompañado por dos de sus consejeros y por la reina Berengaria, viajó a Escocia para entrevistarse con sus adversarios, una vez firmado el decreto por el que reintegraba a todos los rebeldes sus feudos y bienes exonerados.

En la gran sala capitular de la corte escocesa tuvo lugar el encuentro del rey con Robin Hood, asistido cada uno por un grupo de colaboradores y amigos. Presidían la reunión la reina Berengaria y el rey David de Huntington.

Robin empezó leyendo la Carta de los derechos redactada por él y sus compañeros, que, más adelante, recibiría el nombre de Carta Magna. Entre otras cosas, establecía lo siguiente:

«El rey se comprometía a respetar los bienes de sus súbditos y a no exigirles tributos sin conformidad de ellos. También habría de respetar sus personas, recurriendo a leyes justas para el castigo de faltas o delitos cometidos por cualquiera. Sobre tales principios iba a asentarse la vida futura de Inglaterra, encomendándose a un parlamento formado por dos asambleas la garantía y cuidado de la aplicación de tales derechos».

Juan sin Tierra guardó silencio breves instantes. Luego miró a sus consejeros y éstos asintieron con la cabeza. El rey firmó seguidamente la Carta Magna, no sin suspirar de un modo significativo. Al fin y al cabo, era una rendición incondicional a los dictados del pueblo y la nobleza, tras quince años de lucha estéril. Los presentes se inclinaron ante Su Majestad en señal de acatamiento. Nadie había puesto en duda la legitimidad soberana de su mandato. Sin embargo, sólo al firmar la Carta Magna adquiría su reinado fuerza y convicción.

—¿Estáis satisfecho, conde de Nottingham? —preguntó el rey.

—Sí, Majestad, y también todo el país. Al refrendar la Carta de los derechos, habéis obtenido la adhesión de vuestros vasallos —contestó Robin.

—Tendría que haberlo hecho mucho antes. La guerra entre hermanos jamás soluciona nada —se lamentó Juan sin Tierra—

—Vuestras palabras son muy sensatas, señor —admitió David de Huntington—. Tengo la impresión de que, a partir de hoy, Inglaterra gozará de paz y libertad.

—Ese es mi más ferviente deseo —aseguró el rey, complacido al advertir el respeto con que le trataban sus antiguos adversarios.

—¿Tenéis órdenes que darme, Majestad? —se brindó Robin.

—Sí, conde. Velad por el eficaz cumplimiento de la Carta en todo el país. Después, necesito que os incorporéis a mi consejo privado —dijo el rey, afablemente.

—Bien, señor. Así procederé —repuso Robin.

Meses después, la Carta Magna se había hecho realidad en toda Inglaterra. De acuerdo con sus disposiciones, nació el parlamento, compuesto por dos asambleas: la llamada cámara de los comunes, y la cámara de los lores.

Integraban la primera vecinos elegidos por las ciudades y también algunos terratenientes. A la segunda accedían cuantos nobles tuviesen un feudo; el cargo se transmitía de padres a hijos, fundando, pues, su validez jurídica en los derechos de título y de nacimiento.

La Carta Magna instauró en Inglaterra libertades políticas que, siglos después, servirían de modelo a otros países europeos. Los sucesores de Juan sin Tierra tenían que jurar fidelidad a los principios de dicha Carta, antes de poder ascender al trono. Con ello, los ciudadanos veían reconocidos sus derechos y justamente puntualizados sus deberes ante la ley.

CAPÍTULO XX

LA LEYENDA DE ROBIN HOOD

A estas alturas del relato, se extinguen las referencias concretas de la vida y hazañas de Robin, para dar paso a los mitos o a las versiones contradictorias.

Según los rumores más fantásticos, Robin habría muerto envenenado por cualquiera de sus enemigos meses después de la proclamación de la Carta Magna.

Ciertos cronistas lunáticos se atrevieron a sostener incluso que parte de nuestra historia es falsa, pues situaron la muerte de Robin en los campos de Francia, junto a Ricardo Corazón de León.

Desde luego, la interpretación más plausible de su destino alude a su fallecimiento en el castillo de Sherwood a los ochenta y tantos años de edad, acompañado de Marian, su esposa, y quizá de su hijo Edward, tras una pacífica vejez bajo el reinado de Juan sin Tierra y algún que otro sucesor.

Sea como fuere, la leyenda de Robin Hood cobró naturaleza perenne al desvanecerse los seguros trazos históricos en que nos hemos apoyado a lo largo de estas páginas.

Su condición de proscrito, de hombre al margen de la ley, queda perfectamente justificada por la conducta de los barones normandos en su primera época, y sobre todo, por los incalificables abusos cometidos por Juan sin Tierra hasta el final de la guerra civil que asoló Inglaterra. En un mundo repleto de atropellos e injusticias, Robin Hood, ciudadano honrado y generoso, no podía permanecer indiferente. Se ocultó en el bosque de Sherwood y defendió los postulados de Ricardo Corazón de León, porque reclamaba para el pueblo inglés libertades y derechos esenciales a la naturaleza humana.

Dicha leyenda, adornada con cuantas exageraciones se quiera, arraigó profundamente en el alma popular, y su aureola, lejos de extinguirse con los años, ganó brillo y consistencia.

En tiempos recientes, el teatro, el cine y la novela han dado sus propias versiones de Robin Hood, con lo cual el fenómeno se ha enriquecido aún más. Varios autores, no contentos con el filón de anécdotas y aventuras singulares extraído de su vida, han prolongado el mismo a través de su hijo Edward. ¡Qué se le va a hacer!

En todo caso, la epopeya de unos hombres que, al mando de Robin, hicieron del bosque de Sherwood un reducto de la verdad y del heroísmo, seguirá viva y pujante en el corazón de las gentes.

Nos basta con cerrar los ojos para ver de nuevo a esos luchadores con sus espadas desenvainadas y sus arcos siempre tensos, tomando sobre sí las ilusiones y deseos de libertad de un pueblo oprimido.

Esta hermosa imagen cierra como es debido la historia de Robin Hood.

TÍTULOS DE LA COLECCIÓN